傅薪

缅怀金维诺先生学术 与教育活动纪念文集

黄小峰　编

湖南美术出版社

全国百佳图书出版单位

图书在版编目（CIP）数据

传铎：缅怀金维诺先生学术与教育活动纪念文集 /
黄小峰编. —长沙：湖南美术出版社, 2024. 11.
ISBN 978-7-5746-0592-3

Ⅰ. K825.72-53

中国国家版本馆CIP数据核字第2024U4R276号

傳铎 缅怀金维诺先生学术与教育活动纪念文集

CHUAN DUO MIANHUAI JIN WEINUO XIANSHENG
XUESHU YU JIAOYU HUODONG JINIAN WENJI

出 版 人：黄　啸

编　　者：黄小峰

责任编辑：罗　彪

责任校对：李　娥

制　　版：嘉伟文化 JARL.V CULTURE

出版发行：湖南美术出版社

　　　　　（长沙市东二环一段622号）

经　　销：湖南省新华书店

印　　刷：长沙新湘诚印刷有限公司

开　　本：710mm×1000mm　1/16

印　　张：14.25

版　　次：2024年11月第1版

印　　次：2024年11月第1次印刷

定　　价：168.00元

销售咨询：0731-84787105　邮编：410016
网址：http://www.arts-press.com/
电子邮箱：market@arts-press.com
如有倒装、破损、少页等印装质量问题，请与印刷厂联系调换。
联系电话：0731-84363767

目 录 / Contents

第一部分　开幕式及学术座谈

第二部分　学术研讨

第一场

第二场

第三部分　提交大会的其他学术论文

第一部分　开幕式及学术座谈

一、开幕式

主题：传铎——纪念金维诺先生美术教育与学术成就研讨会

时间：2019 年 5 月 10 日上午

地点：中央美术学院北区大礼堂

郑岩： 尊敬的各位领导、各位前辈、各位同仁、同学们，在杰出的美术史家、美术教育家、中央美术学院美术史学科的主要创始人之一金维诺先生离开我们一年多之后，我们从四面八方汇集到金先生辛勤工作了一生的中央美术学院，以学术的方式来隆重纪念这位令人尊敬的前辈，缅怀和学习他的道德与文章，继承和发扬他的精神遗产，以求更好地推进他与前辈们所开创的事业。出席今天会议的有中央美术学院领导、金维诺先生生前友好、学界同仁和历届学生代表、来自各家媒体的记者朋友、中央美术学院人文学院的各位老师和同学以及金维诺先生的家属。我谨代表会议承办单位中央美术学院人文学院对各位的到来表示热烈的欢迎和诚挚的谢意。现在我宣布：传铎——纪念金维诺先生美术教育与学术成就研讨会开幕。

首先由中央美术学院院长范迪安教授致辞。

中央美术学院人文学院书记郑岩教授主持开幕式

开幕式现场

与会师生

张淑芬先生

聂崇正先生

中央美术学院范迪安教授致辞

范迪安：尊敬的各位学术前辈、各位同仁、同学们，举办纪念金维诺先生美术教育与学术成就研讨会是对金维诺先生艺术与学术人生最好的追思与纪念，也是研究和传承金维诺先生治学精神的最好方式。在这里我代表中央美术学院党政领导班子向为中国的美术史论研究学科建设、人才培养、文化交流作出卓越贡献的金维诺先生表示崇高敬意。

今天这么多美术史界的前辈专家学者汇集中央美术学院，我们一起来参加这样的研讨会，共同回顾金先生的人生，这令我感到特别亲切。金先生以毕生心力为美术教育特别是中央美术学院美术史学科的教学与科研发展不懈耕耘和开拓奋进，是坚定文化自信、坚持守正创新、坚持立德树人的优秀楷模。作为金先生的学生，我在当年的

中央美术学院院长范迪安教授致辞

美术史系的学习中蒙金先生和包括今天在座的各位前辈师长的指导与传授，不仅进入美术史论的学习研究，更是深深受到以金先生为代表的一代老师们学术理想和治学精神的感染。他们的人生境界之深远，求真求实的治学方法之持恒，淡泊朴素的生活态度之真切，都体现了精神价值。我们说桃李无言，正是以金先生为代表的一大批前辈师长的精神激励着我和许许多多晚辈学子在学术上、艺术上和人生上都努力走正道、守正风、言正点、树正气。

金维诺先生的学术贡献是多方面的，在今天我们迎接新中国成立 70 周年的日子里，在总结了改革开放 40 年之后中国再出发的年代，一起来回顾金先生的学术人生，更能够把他的贡献和新中国美术史教学与学术的发展，改革开放以来美术史学科的发展联系在一起。我深深感到他的学术是一种有系统性的建树，许多学术思想和治学领域不仅具有开拓性、开创性，还相当地具有前瞻性。因此，我们今天的研讨会既是对金先生学术贡献的再认识，更是从他的学术贡献中进一步来思考从美术史学科到人文学科的时代发展。

本来我也努力准备了一个稍微长一点的我自己学习金先生思想和学术的讲话，但是今天看到有这么多的前辈一起与会，我觉得不能耽误大会更多的时间，今后留于做文字的发表。

我这里想简要地谈的是金先生在学术研究上做了大量的开拓创新工作，比如大家经常谈到的也包括人文学院在这次会议的发起和组织过程中所提示的，金先生在美术史的研究上毫无疑问体现了中国美术史研究的时代发展，他用联系的思维和比较的视野将古代典籍和考古新发现结合起来，将对文献的研究与田野资料的发掘结合起来，极大地丰富了对美术史投注的眼光，开拓了美术史研究更大的时空范围。他在《〈职贡图〉的时代与作者》《曹家样与杨子华风格》这些重要的学术文章中，不仅是一种学术的新建，更是提示了一种新的治史、研史的方法。

比如金维诺先生是在佛教美术研究上的大家、名家，正像刚才片子里展示的，金先生几十年来为佛教美术的研究不遗余力，行千里路，一次次踏访古代遗址，直到耄耋之年。因此他对佛教美术的研究和著述极大地开拓了佛教美术的新进展，尤其把佛教美术和作为宗教学、历史学、社会学的佛学研究结合起来，这就使得佛教美术成为整个佛学历史研究的重要组成部分，而且对其他学科领域有很大的启发。

再比如金维诺先生在史论研究上的一种通融融合，是一种开创性的楷模。他一向注重历史研究和理论著述的结合，这也构成了中央美术学院美术史学科建设的一个优良传统，而他自己正是这样身体力行去做的。他在教学的课程开设上，在他自己的各种关于美术发展包括美术创作实践、美术文化的课程上都鲜明地体现出史论融合的意识。我至今记得他当年开设的"中国古代美术史籍概论"就是把历史研究和理论研究、把理论研究和实践分析结合在一起，对二十世纪八十年代的青年学子可以说相当富有启发性。后来这门课由薛永年先生继续开讲，更加深入分析，都让我们长期获得教育。我甚至觉得我们从二十世纪八十年代开始在历史研究上一直在追求被称为方法论的这样一种学说，而金维诺先生和一代中国的美术学者已经从自己美术历史的发展历程中，从自己的治学的一种新的视角中，形成了中国的美术史治学方法论，而这些都是今天特别值得我们不断地去进行分析提炼的。

总而言之，金先生的人生成就就像一个巨大的学术大厦，既让我们晚辈学子不断受益，又激发我们在今天共同把中国的美术史学科这座大厦更好地建设起来。

习近平总书记在中国社会科学院中国历史研究院成立之际发表了贺信，他指出：历史是一面镜子，鉴古知今，学史明智。重视历史、研究历史、借鉴历史是中华民族5000多年文明史的一个优良传统。当代中国是历史中国的延续和发展。新时代坚持和发展中国特色社会主义，更加需要系统研究中国历史和文化，更加需要深刻把握人类发展历史规律，在对历史的深入思考中汲取智慧、走向未来。习总书记关于历史研究的重要论述是我们在新时代研究美术历史、书写中国美术、培养美术人才的重要遵循，因此，我想这次研讨会通过对金先生的美术教育与学术成就这样一种回顾，能够让我们在未来的美术史学科建设、人才培养、文化交流各方面都形成新的出发。

作为一位杰出的美术教育家、美术史研究学者，金先生留给我们的学术遗产，特别是这份遗产中的思想与精神的光芒，将照亮我们教学发展与学术发展的前景。谢谢大家。

郑岩： 感谢范迪安院长的致辞，下面有请薛永年教授致辞。

中央美术学院薛永年教授致辞

薛永年： 各位老师、各位同学，2015 年大家曾经隆重纪念王逊先生诞辰百年，今天又为金维诺先生去世周年举行盛大学术活动，两位先生都是中国第一个美术史系的创建者，都是现代中国美术史学的开拓者，都是新中国美术史学科的奠基人。

王逊先生 1957 年被错划右派之后，二十世纪六十年代和七八十年代美术史学的教学研究工作都是金维诺先生主持的，我在 1960 年进入美术史系本科学习，1978 年再度考入美术史系攻读研究生，金先生不仅是我读大学本科的老师，他还是研究生班的任课老师和导师组负责人。我深感他是一位不断开拓学术领域的美术史大家，同时是一位以前瞻性眼光和有效措施培养美术史论人才的美术教育家，是我们这代美术史学者的引路人。

中央美术学院原美术史系系主任薛永年教授致辞

我从老学生角度谈几点体会，先讲学术研究，再讲美术史教育。

从学术研究而言，金先生是自学成才、英才早发的美术史家。60年来他不断开拓研究领域，如敦煌艺术、石窟寺艺术、汉唐美术、卷轴画、书画鉴定、绘画史籍、宗教美术、寺观壁画、原始艺术、古代少数民族美术、藏传佛教美术、少数民族美术等等，而他的学术生涯始终与建立有中国特色的现代中国美术史学紧密联系在一起，这里讲三点体会。

第一，他的美术史研究具有国际化现代学者开拓的视野，一开始就突破了传统书画史研究名家名作的范围，而是面对石窟寺中大量精美的佚名作品进行前所未有的拓荒。1960年我考入美术史系本科的时候，36岁的金先生已经是著名的敦煌学专家了，他对敦煌的研究一开始就包含了两个侧面：一是走进历史本身，代表作是《敦煌窟龛名数考》；二是从今天的角度进行理论阐释，总结历史经验，代表作是《现象与本质，现实与想象》。后者指出，敦煌壁画的作者在规定的题材和定型的样式中把创造性发挥到细节上，表现出对某些宗教世俗本质的深刻理解。而他正是以他的理论修养，实事求是地分析作品呈现的矛盾，从矛盾中探索中国艺术发展的深层内涵。所以说他的美术史研究既研究历史也研究艺术，主要是在研究历史的基础上研究艺术。

第二，他的美术史研究也研究魏晋隋唐名家的卷轴画名作，但总是与敦煌或其他时代可信的出土文物相印证，与全凭文献记载的传统研究不同。这说明，他继承发扬了近代治学的新传统，并与美术史研究相结合。在二十世纪六十年代的一个晚上，他来到教室和我们几个同学介绍他自学的学术渊源与治学方法，一共讲了三个人，王国维、郭沫若、闻一多。王国维的方法大约是纸上材料与地下新材料结合的二重证据法，郭沫若的方法可能是考古学与马克思主义历史学结合的方法，闻一多的方法可能是把校勘、训诂、考据、文化人类学、民俗学、神话学结合在一起的方法，而金先生的大量研究成果表明，他就是综合上述三位大学问家的方法在美术史研究领域取得了卓越的成就。

第三，他的美术史研究一直注意中国特色。其一是绘画文献学。他上课时说，《古画品录》以来的中国绘画史籍规模体例水平不同，但记录了整个美术发展史，保留了连续不断的历史记载，这是其他国家没有的。因此他通过《中国绘画史籍概论》，研究评介历代各类绘画史籍，把文献学、编纂学、史学史结合起来，总结了史论结合的编纂传统，梳理了中国绘画理论特有的品评特色。其二是书画鉴定。他在一些重要传世作品的研究中，比如在对《职贡图》的研究中就把风格比较、史讳考察与文献考证结合起来，把经验性的书画鉴定纳入了学术论证，解决了时代、作者、摹本的时代问题，在张珩提出建立书画鉴定之学的二十世纪六十年代，以论文的方式体现鉴与考的结合，成为这方面的典型范例，他的文章也是把鉴定与鉴藏史研究结合起来的代表性论文。

金维诺先生具有开拓性的美术史研究，尤其重视艺术规律。1961年11月他在讲授中国美术史绪论的时候指出——这是我查笔记时查出来的——他说：中国美术史是研究中国美术发展及其规律的一门科学，对美术创作及理论发展有重大意义。为此，在重建历史联系上他主张尊重历史，在历史的阐释上他自觉以唯物辩证法研究艺术规律，注重艺术与人文的精神联系，在总结实践中归纳理论，他的中国美术史研究形成了史与论的结合、历史与美术的结合、文献与作品的结合、出土品与传世品的结合、宏观把握与个案专题研究相结合的一系列特点。

从美术教育而言，金先生花费了毕生心血，致力于建构具有现代中国美术史论特点的教育体系，以培养德才兼备、具有中国根脉和世界眼光、富有开拓精神又拥有实际工作能力的中国美术史学者。回想起来也有几点体会。

一是在课程设置上。从二十世纪六十年代的本科起，他就把美术史论专业课与文史哲课程结合起来，把训练一般人文学科的研究能力与切实把握美术作品的考古课、书画鉴定课、博物馆学课、绘画实践课结合起来，特别注重美术作品的视觉特点，各个造型艺术门类的特点，不同美术品中物质制作过程的特点，以便把对作者的研究和对作品的研究结合起来，把对作品内容的考察与对风格形式的考察结合起来，把深入探索发展中的艺术规律当作努力的方向。在师资结构上，他主持系务的不同阶段都最大限度地集中校内外优势，特别是广泛聘请国内外一流学者任课或做讲座。先后请过刘桂五、冯其庸、宿白、阎文儒、俞伟超、陈明达、蔡仪、周叔迦、曾昭燏、郭宝钧、唐兰、张珩、徐邦达、启功、王世襄、季羡林、李泽厚、周一良、冯牧，藏学专家王尧，国外的高居翰、李铸晋等专家。在研究生的教育中，他善于发挥团队力量，他主持的研究生教学实现了三个结合：一是校内导师与校外导师相结合，二是指导小组共同负责与导师分别指导相结合，三是个别指导与课堂讲授相结合，以便同学们获得广泛的学养、不走弯路的治学门径、最前沿的学术动态、多种多样的研究方法。

二是在教学环境上，特别注重外出实习考察与专业写作训练。不仅年年安排美术遗迹与美术博物馆的考察，甚至安排学生参与考古发掘过程，我深感在他心目中美术史系的外出实习考察几乎等于绘画季的写生，既用来巩固美术史知识、学习全面收集研究资料的方法，又在面对遗迹中有所发现，他想通过外出的实习考察使同学们深信第一手资料不是书本，而是那闪耀着历代艺术家智慧光辉的古今原作，有成效的治学方法不是脱离实际的空幻之路，而是以考察为基础的深入探索。金维诺先生、王逊先生设计并指导的专业写作练习课相当于兄弟系的培养创作能力的创作课，是在联系史论、联系实际，从记录理解作品开始，逐渐进入不脱离视觉图像的理论思维，不仅训练同学们学以致用的专业基本功，而且培养同学们的问题意识和专业创作才能，提高同学们对艺术创作的理论探讨和理论表述能力。

三是金先生学为人师、行为世范的点滴。首先是树立榜样，体现不畏艰险的治学精神。我讲一个例子，有一年王宏建先生也在场，到新疆克孜尔附近去进行石窟考察，有一个洞特别高，在山顶上，消防队的云梯都够不着，金先生愣要把云梯借来爬到洞里去看到底是佛教造像还是道教造像，他这种求实的精神对学生是极大的教育。再者是不断地关心、扶植和培养学生，不仅像薄松年先生一样"终身保修"，而且不断地提高学生、扶持学生。再有就是对图书资料的重视，第一，他极为关心图书资料室，除去图书之外，特别看中实物资料，比如《凌烟阁功臣图》的拓片孤本。第二，他不断设法丰富图书资料的收藏。改革开放以后，作为最早出国讲学的学者，他不但带回了海外遗珍的信息、最新的研究动态，而且接受捐赠和交换了大量欧美图书，有研究中国的也有不少是研究外国的。据搞外国美术史的朋友和我讲，最早翻译贡布里希的《艺术的故事》的学者就是托人在我系资料室复印了有关版本才进行的。最后是身后捐献图书的遗愿，金先生搬家到马坡不久我去看他，他拿出好几种珍贵的版本给我看，他说他身后想建一个图书室给同学们使用，现在家属的捐赠实现了金先生的遗愿，给我们和我们的学生留下了永久的遗爱。

今天美术史学飞速发展，已经成为显学，学者也越来越多，在很多方面开拓出新的领域，甚至已经不是原来意义的美术史和艺术史，但是这一切离不开奠基和指引。我想作为我们晚辈，纪念金维诺先生就是以感恩之心继承发扬金先生的治学精神与教育思想，以及在美院培养美术史人才的宝贵经验。谢谢大家。

郑岩：谢谢薛先生，下面有请尹吉男教授致辞。

中央美术学院尹吉男教授致辞

尹吉男：刚才范院长和薛先生讲得相当全面，应该是把我要表达的东西基本都表达了，我简单说一点感想。先生驾鹤西去，今日大家济济一堂，正如当年我的感怀，人文学院不是一天就建成的，需要几代人努力，老一辈所创建的美术史学科是我们今天得以开拓和发展的重要基础。当年老美术史系有个说法叫"固若金汤"，"金"当然指的是金维诺先生，"汤"是指汤池先生，他们二人当时正好是我们学习时的美术史系的正、副主任。后来我又顺着这个提法加了一句，"富如薛、王，福比罗、江"。当中也有李树声先生、袁宝林先生，还有贺西林教授，他们也曾经有"辅佐"之功。我们现在可以理解为，早期美术史的创办者为我们留下了金汤之固的坚实的学术基础，有了这样的基础才可以广厦千万间。所以，"奠基赖金、汤，开拓凭薛、王，辅佐称

中央美术学院原人文学院院长尹吉男教授致辞

袁、李，传承看罗、江"。后来我发现到了我这辈押不到韵了，只能是精神传承，"涓涓成九派，已见江河大。夏日念先贤，青光照华夏"。今天我们用特殊的形式——学术讨论会的方式纪念金维诺先生，通过开来达到真正意义上的学术继往。谢谢大家。

郑岩： 谢谢尹先生的致辞，下面有请中央美术学院人文学院院长李军教授致辞。

中央美术学院李军教授致辞

李军：尊敬的范迪安院长，尊敬的金维诺先生的家属，尊敬的各位美术史前辈，老师们，同学们，大家上午好。

今年是五四运动 100 周年的日子，是中央美术学院建院 101 年的日子，也是金维诺先生 95 岁诞辰的日子。这一个世纪是中国新文化新思想诞生、成长和发展的 100 年，今天我们汇聚在一起学习缅怀我们的老主任、老前辈，著名的教育家、美术史家金维诺先生的美术教育和学术研究的丰功伟绩，我愈加感受到金先生一生与中国的新文化运动，与中国中央美术学院的新的美术教育的事业，与中国的美术史事业的奇妙的重合。

正如刚才薛先生所说，2015 年我们举办了纪念王逊先生的百年诞辰这样一个会，

中央美术学院人文学院院长李军教授致辞

今天我们又迎来纪念金维诺先生逝世 1 周年的会，这两个会实际上都是对于我们学科的奠基人、老前辈的一个致敬。实际上最近的一两年以来，我们中央美术学院美术史事业有重大的损失，老先生们纷纷离去，金先生走了之后，今年又有了汤池先生和薄松年先生的离去。按照中世纪的一个说法，每一位活着的人都像一棵树，我们向空中生长，但是实际上还有另一棵树，那棵树是精神的树，这个精神的树是倒长，从天空生长然后枝叶招展地迎向我们。以金先生为代表的老一辈美术史家、美术史教育家，他们现在已经成为了这样一棵精神的树，他们在空中向我们招展，成为了我们仰望星空时候的一个坐标。同样，我们在座的每一位先生和在座的每一位青年学子，正是美术史现在越来越庞大、越来越兴旺的生灵，向空中向老先生们精神的形象在靠拢，这样的一种形象实际上是非常贴切的，可以用薛先生为这个会作的题词"传铎"来总结，"传铎"来自于《论语》里面的一句话："天将以夫子为木铎。"实际上，我想说的是"金声玉振"必将传之久远而后矣。谢谢大家。

郑岩：谢谢李军院长，我们简短的开幕式到此结束。下面请各位先生和老师移步到会场门口合影。

二、学术座谈

郑岩：接下来一个环节是纪念活动，请台上在座的各位先生就对金先生的了解做一些讲话，这个环节由贺西林教授和我一起主持。我想说起金先生来，各位前辈都有一肚子的话说不完，大家非常热情地支持，来的先生很多，但时间比较有限，所以很抱歉，我们不得不把时间尽量压缩一下，每位先生的时间大约控制在五分钟，大家尽量简单一点，否则今天中午很难吃午饭了。我们开始，先请邵先生您说一下。

邵大箴先生发言

邵大箴：我和金维诺先生是 1960 年认识的，1960 年之前通过信，他给当时还在列宾美术学院学习的程永江、我和李玉兰、奚静之写信，谈建立美术史系的情况。后来程永江先生比我早一年回国，他于 1959 年回国，回国就参与了金维诺先生当时开始要筹建中央美术学院美术史系的事情。我 1960 年到美术学院报到的时候走到美术

邵大箴先生

史系办公室，当时在 U 字楼的底层，办公室里面没有一个人，只有三个碗，里面盛着素烧茄子，还有三碗米饭。这三个人是谁呢？一个是金维诺，一个是程永江，一个是张同霞。我就问当时系里的工作人员，我说他们三位到哪去了，因为我是 11 点钟来报到的。他们说去北海游泳了，留下三碗米饭三碗素茄子，这样第一天没有见到金先生。第二天我见到金维诺先生，他给我布置任务，让我写教材，写罗马美术史。他实际是想考核，我接受了这个任务，用非常粗糙的稿纸写了大概 2 万字的《罗马美术史》交给他。当时在美术史系的，今天在座的有几位，像奚传绩先生、彭鸿远先生，当时是 1960 年创办美术史系的同仁。许多当年与我们年龄相仿的人，今天都不能来了，我心里很难受，我当时看到这个照片的时候就想到马鸿增，脑子一想马鸿增怎么没来，他应该来，一想他去年春季已经走了，心里非常难受。我们同辈的同仁们，像薄松年先生讲，大家按部就班地走，不要加塞，他走也没有加塞，因为他今年已经 87 岁高龄了。

我对金维诺先生讲两点。

第一点是金维诺先生非常重事业、重人才。他的学生薛永年老师是第一班，一直到张郎郎最后一班一共办了四个班。他非常重视美术史事业，改革开放之后，金维诺先生招进修生、招研究生，研究生本来只准许招五名学生，但是他争取扩大名额，而且把考研究生的人中没有录取的纳入进修班，所以不但培养的很多研究生成为了后来美术史方面的骨干，而且进修班的同学做得也非常好。他非常重视去争人才，争取经费，他在 1960 年办美术史系的时候还没有把"反右"的阴影在他身上去掉，他非常谨小慎微。为什么呢？"反右"的时候他受过处分，所以他是夹着尾巴做人的。我们的老书记陈沛，对中央美术学院的建设起了很大作用，他是老革命，新四军出身，非常按党的政策办事，所以他重用金维诺先生，金维诺先生的学术事业的成长和陈沛老书记的支持是分不开的。金维诺先生不仅办美术史系，他当时还在美术史系做了很多工作，他请的老教授像许幸之、王琦先生，都是从系外到美术史系来担任教职，后来又回去了。他对当时被划成"右派"、没有摘掉帽子的王逊先生是很尊重的，在他力所能及的范围内给王逊先生应有的尊重，请他授课，请他参加各种活动。我和王逊先生有过一段接触，因为两次下乡我们都在一起，王逊先生和金维诺先生他们两个人的合作还是正常的。

第二点我想讲金维诺先生 1956 年开始办《美术研究》，这本杂志是由中央美术学院和现在的中国美术学院（当时的中央美术学院华东分院）两个学校共同创办的，但是 1957 年以后这个杂志就办不成了，一是因为没有经费，二是因为文化政策问题。但是在金维诺先生的领导之下，《美术研究》办公室一直存在，1957—1960 年一直存在，李松涛先生在王府井中央美院办公的地方，在传达室的旁边有一个办公室，就是《美术研究》办公室，李松涛先生在那负责处理过去的稿件，处理《美术研究》遗留下来的事情。一直到 1978 年改革开放、形势大好的时候，他在朱丹先生的支持之下开那个会，当时我参加了，有金维诺、程永江，还有我和佟景韩。我们在会上决定办学报，恢复《美术研究》，办《世界美术》。《美术研究》由金维诺和佟景韩负责，《世界美术》由程永江和我两个人负责。这个工作应该说金维诺先生是起了很重要的作用，所以金维诺先生是中央美术学院美术史系第一个用电脑的人，那是在二十世纪八十年代初期。

他很有钻研精神，金维诺先生的事情，说起来有很多，在座的都是过去的老同事、老朋友、老学生，你们当然有很多体会，我就讲到这，希望金维诺先生在天好好享受，因为他这一生太辛苦了，祝福他的在天之灵。谢谢大家。

彭鸿远先生发言

彭鸿远：我今天很高兴，看到了很多早就毕业的但是好久没有回学校的人，美术史系第一届1960年进校的像孙世昌、张旭，我都50多年没看见过他们了，那时候给他们上课，我才20多岁，现在我都已经86岁了，我应该是今天出席的人中比较老的。我们系很多老同志都走了，像程永江、李春、汤池、薄松年，所以现在"蜀中无大将"，我就变成先锋了，我变成最老的了。我是美术史系很特殊的教员，我一直是外文教员，跟美术史系并不怎么"搭嘎"，但是因为金维诺的原因，我在美术史待了一辈子，而且在我退休前的最后五年，当时薛永年已经开始当系主任了，金维诺要下去了，忽然聘我做苏联美术史的老师，这样我从文化课教员变成了专业课教员。

金维诺这个人有一个很好的特点，他确实是知人善用，只要能够好好在系里教书，

彭鸿远先生

发挥作用，他就请你继续在系里担任教师。我原来是美院第一年入校的学生，到美院的时候才18岁，原来学的是雕塑，当时第一年叫预科。那时候美院就绘画系、雕塑系、实用美术系这几个系，都还没有分得很细，而且当时是三年制，三年制也是本科，因为刚解放，特别需要人，所以学制不能太长。我们学了一年以后就被学校调到俄语学院学俄语，学校当时请苏联专家，需要翻译，就把我调去了，和我一起的还有程永江和张同霞，1955年才回来，所以我从1955年开始才认识金维诺。正好1956年我要陪苏联专家去山西大同云冈和太原参观石窟，金维诺作为懂这方面的专家就陪同我们。我最早和他共事是在1956年，我当时在专家办公室，他当时在美术研究所，那时候还没有成立美术史系。当时他给我一个印象是这个人还是非常敬业的，我们一块去看大同的石窟，他晚上回到旅馆以后就拿一个小罐显影，就是把他当天拍的照片都弄出来。我当时觉得很奇怪，一般咱们都是拍完了回到学校再去弄，他就是当时弄，这说明他对业务是很抓紧的。1960年建系，那时候专家都走了，他就把我调到美术史系，所以我们都是美术史系头一批的老师，还有邵大箴、程永江。我只教外文课，在"文革"以前，我一直教俄语。薛永年他们，我应该给上过俄语，后来他念研究生，我给上过英语。所以，我为什么感谢金维诺呢？1978年金维诺突然跟我说，以后不要开俄语课了，我们也不开这门课了，但是你要开英语课。我当时很奇怪，我说你怎么知道我能教英语，因为当时我也没透露。

邵大箴：彭鸿远的母亲是非常优秀的、杰出的英文文学专家，是莎士比亚著作的翻译者，所以她的家学非常好，英文非常好。

彭鸿远：我要说的是另外一回事。我就问金维诺，你为什么知道我会英语？他说我听你中学教员说的。我中学上了北京很有名的学校，贝满女中，是一个教会学校，当时的英语老师是李爽麟，金维诺的爱人叫黄翘，她当时也在贝满女中上语文课。他说"是我太太告诉我的，听你中学老师说你英语很好"。后来我就接受这个任务上课了，从1978年开始上，一直上到1987年。所以，我感谢他，就是说我并没有去找他，是他主动跟我说以后不开俄语课开英语课。到1988年我55岁该退休了，1987年正好有一个文化部中国油画展的代表团去苏联，让我跟着这个团去。那时候薛永年已经要上任了，汤池当时是系副主任，就跟我谈，说我以后就要退休了，就不要上英语课了，因为现在懂英语的人很多，以后就开苏联美术史。这都是金维诺的提议，从那以后我就变成了美术史系的专业老师了。所以，1987年到苏联，我因为要上这个课，我就把平常出差省的饭费都拿去买幻灯片，去买资料，到列宾美院，到苏里科夫美术学院，把他们的美术史的教学大纲要来，这样我好备课。1988年以后，一直到1993年我60岁，我又上了5年的美术史课。我老跟人家开玩笑，我说我一直在美术史系是一个文化课教员，到了退休倒成了专业课教员。

　　我为什么说我很感谢金维诺，在我工作转折的时期都是他主动提出来让我教授什么课程。当然，因为他的信任，我一直很好地去备课、去上课。所以，我非常感谢他，我这辈子的工作安排几乎都是金维诺主动提出的。而且有一个事情我要说明，我和他私人并没有什么来往，我们在美院有一个特点，私人来往的都是前后届的同学，比如像詹建俊、靳尚谊都是我的同学，我们私人来往很多，经常我请你吃饭，你到我家吃饭。可是我和金维诺几乎没有任何私人来往，我在美术史系工作30多年，只去过他家里一两趟，而我这些工作安排也没有提过，都是他主动找我让我做，所以我一直都对他很感谢，虽然我和他私人并没有什么很深的交情，所以今天借这个机会表达我对金维诺先生的感激。另外我要说当时的干部路线，就是不要去对领导怎么样，他需要你，他觉得这个工作需要你，就分配给你，你就好好去干活。我对当时的那种关系感觉到很欣慰。谢谢。

陈金陵先生发言

陈金陵：我是 1961 年大学毕业以后被分配到中央美术学院的，到了中央美术学院以后，由人事科的一个女同志介绍我见了金维诺先生和张同霞同志，她当时说这是美术史系的行政负责人和党支部的负责人，在我当时的印象里，金维诺先生是一个清瘦的老师，和我在北大听课的任继愈和其他一些中青年教师相当。由于历史课是学校的非专业课，我和他的私人接触很少很少。我是 1978 年离开，在中央美术学院待了 17 年。金维诺先生的成就应该说改变了中国敦煌学落后的局面，当时有一句话，"敦煌在中国，敦煌学在日本"，他对这个情况的改变起到了重要作用。所以他当选为中国敦煌吐鲁番学会副会长，可见大家公认他的成就。他的学术论文我认为是我们研究敦煌学，特别是历史方面、美术方面必读的文献，必读的参考书。

陈金陵先生

他取得的成就，我自己认为有三点。

第一，他业精于勤。对于他的勤奋，我可以举两件事情。我，还有在座的奚传绩曾经被下放到 27 军河北磁县 1584 部队，这是你们想象不到的，大家同吃一盆菜，同睡一个炕，奚传绩是我的老班长，这个时候我们才知道金先生有严重的胃病，他吃饭很慢，不吃饺子，吃饺子要剥皮吃。当时吃饺子，你们可能想象不到有多少人吃，有人吃太多了，一般人都吃 20 个以上，最多的吃了 70 个，因为当时有繁重的劳动。尽管他有胃病，他还是很勤奋的。因为这个原因，他敢于向工宣队和军宣队讲这句话，你晚上别干活。他就每天晚上工作不休息，自己做研究。现在报纸上登的"996"，不是"996"，我认为大学做个合格的老师就是没有寒暑假，没有星期天，你要是在大学里做一个老师谈"996"，都是不及格的，很快就被淘汰了。

第二，他有求实的学风。他在美术学院是历史学派，在艺术学院有学风很不容易，他受到很多干扰，美术学院学艺术，谈谈沙龙啊，女模特啊，灵感啊，不讲究学术研究，很少。他是很求实的学风，刚才有人讲，他都是引导大家重视史实、重视材料。王泷先生跟我讲的，麦积山石窟很高的，他也去爬。所以他求实的学风很值得敬仰。

第三，他非常守纪律。我印象很深的是，研究生考试的时候他亲自出题目。本来我是中国史的教员，如果试题中有历史题目，他可以问问我，或者找人，但他都是亲自出，都是在合理的规章制度之内。所以，他第一代研究生就招上了像薛永年这样很优秀的学生。

金维诺先生是敦煌学研究的一个灿烂的明星，这个明星不是闪星，也不是流星，而是一颗永恒的星。我的话说完了。

奚传绩先生发言

奚传绩：我是美术史系最早的一个学生，后来我们有几个人转到国画系了，之后我半路出来了。我从我个人的成长和金先生任用干部两方面来讲，金先生不仅任用，而且注重培养。因为我的经历不大一样，我是读了两个大学三个专业，结果第三个专业是中国画，读了不到一年我就出来工作了。刚才邵先生提到了，《美术研究》原来在中央美院华东分院（今中国美院），那个主要是编者都打成"右派"了，于是《美术研究》又回到中央美术学院来了。中央美术学院当时没有什么人，金先生那时候还背着处分。那个时候要把这个学报办起来，先把李松涛调出来了，因为我们一起转到国画系去了。李松涛调出来不到半年，金先生就跟我商量，他说"你在北大学过两年，是不是你也出来"。我读了两个大学三个专业，基本上都是半路出家，没有学到什么

奚传绩先生

东西，我后来的成长和金先生的精心培养是分不开的，他是我的恩师。我们两个人，李松涛经验比我丰富一点，能力比我强，他主要负责《美术研究》，我是做他的助手。《美术研究》从组稿、写稿、改稿，一直到跑印刷厂，就是我们两个人干的。

但是在这个过程里面，金先生不光是任用，而且注意培养。我的成长得益于这几个关键的阶段。一个就是 1960 年开全国第三届文代会，这个是新中国成立以来规模最大的一次文学艺术工作者代表大会。金先生搞了一个记者证，让我以记者的名义去参加了第三届文代会。那次会议应该是很重要的，尽管那个时候"左"的思想还比较厉害，但是听了很多报告，参加了北京市作家的那个组，我学了很多东西。这个会议开完以后，紧接着金先生又让我去参加一个会，那时文化部在编《艺术概论》，我们学校是李树声先生参加，初稿出来以后，在北京友谊宾馆开一个全国性的艺术院校的座谈会，金先生说这是一个好的学习机会，你去吧。所以，我又到了那个座谈会上。那个时候我们都是小字辈的，初出茅庐，在这个会上，我又学到很多东西。这个会结束以后，《艺术概论》要修订，修订要留一批人。后来金先生就跟我商量，他说这是一个很好的学习机会，你就留下来吧。这样我就留在文化部，在文化部搞了半年。后来这个事情结束以后，工作完了之后，我就到了美术史系，在那之前李松涛当系秘书，我去了以后，我就当系秘书。那么，在这个过程里面，实际我有时候不是很安心，金先生老是跟我讲——刚才讲到金先生是自学成才，没有科班出身，他就从他自身成长的经历告诉我——做什么事你先把这个事做好，结合你的工作去进修、去学习。这一点对我终身有用。所以我觉得我后来能够做一点事，和金先生的培养分不开。今天有很多在座的领导，我觉得这个经验，即对干部不仅要任用，而且要培养，这是领导的主要责任。我今天就讲这么一点，谢谢大家。

孙世昌先生发言

孙世昌：我借这个机会表达一下对金维诺先生的感恩。自我们入学以后到毕业，金先生一直主持系里的工作，我首先感谢金先生为我们请了很多好的老师，这个对学生来说是非常关键的。当时教中国美术史的像王逊先生、金维诺先生、张同霞先生，教近现代美术史的是李树声先生，当时在全国都是名声和研究成果都相当不错的老师，教我们外国美术史的像邵大箴先生、程永江先生、李春先生，还有老一点的就是常又明先生。邵先生当时很年轻，刚从苏联留学回来不久，那正是风华正茂，包括他的夫人，也都是国内研究西方美术史最高水准的教员。还有校外的很多，都是有真才实学的好老师。像北大的宿白先生，故宫博物院的教我们书画鉴定的徐邦达先生，包括给我们上瓷器鉴定的孙瀛洲先生，不一一列举了。我这代人，非常感谢金先生以对学术

孙世昌先生

负责的态度给我们请了很多好的老师，这对我们的成长是非常关键的。先生们在课堂上讲的内容你可以把它忘掉，但是先生们对学术的态度，本身所流露出来的精神、性情，以及他们观照事物的方式，这个永远忘不了，这个东西对我们影响很大。

刚才老薛讲话当中讲了一点我非常同意，我们这班是本科毕业的第一班，我分到鲁迅美术学院一直到现在。因为我组建了东北第一个美术史论系，在教学上我主要是受当时我所学的那点东西的影响。刚才老薛总结得非常对，在教学思路上，把握文史哲的知识要具有一定的水平，然后与美术史发展规律以及美术作品的解读相结合。我组建这个系就是按照这个思路做的。可惜的是，我本来是 2000 年应该退，后来学校不让退，延到 2007 年，但是主任做到 2004 年就下来了。有一个南京毕业的人，把我坚持的中央美术学院的规律给改了，我心里特别难受，但是无能为力。原来的教学思路跟中央美术学院的高层次思维和具体艺术作品的解读结合得天衣无缝，他把这个东西给扭了，我心里特别不高兴，但是毫无办法，所以我在这想到这个事时更想念金维诺先生了。

再有一个就是我把系组建起来以后，有一次在上海国际研讨会上我碰到金先生，金先生说，"我听说你组建了美术史论系了"，我说是，然后如数汇报，把我用的教员，包括同学帮忙，包括杨仁恺先生，所有我都汇报了，最后金先生想了想提了一条，因为那次国际研讨会正好是有一个上海的学者，他是南京出生的，以前谈赵孟頫的《鹊华秋色图》出了点事，后来又谈宋徽宗《柳鸦芦雁图》出了点事，当时我们在座的几个同学也都认为他有不足之处。金先生就这个问题谈，告诉我，他说："大孙呀（金先生一直管我叫大孙），你的教学一定要加强，前面加强美术考古，后面要加强书画鉴定，这是正确解读美术规律和解读作品的重要的方面，绝对不能放松，要请有相当水平的教员。"这些东西我都是按照我所学和金先生的教导做的，我就借此机会表达对金先生的感恩吧。

袁宝林先生发言

袁宝林： 我来讲几句吧。大孙是我同学，勾起好多往事的回忆。彭先生说，金先生知人善用。邵先生讲一句话，对他最初的印象里面谈到对党委书记陈沛的一种称赞的口吻，邵先生说金先生不"左"，我觉得这是个很平易的评价，我特别有感触。我觉得在我们普遍经历的年代里面，这个非常激进的气氛占上风的时候，金先生有这样一种情怀，让我感到特别温暖。在我 1960 年报考美术史系时，印象非常深刻的是除了笔试之外最后还有一个口试，口试主要的老师就是金维诺先生，直到今天我都觉得他有一种很温暖的鼓励的表情。从那个时候直觉里我就感受到，刚才彭鸿远先生也讲到，好像一个人一生的命运可能就跟一个领导或者是一个长者，或者是一个同事对自己产生的终生的影响有关，我当时就有这么一种感觉。所以第一句话就是感谢恩师，

袁宝林先生

我们在座的很多同学都有这样很亲切的感受。

我同时要传达一下，我昨天去体检，和周建夫在一起。去时在车上是谈金维诺先生，回来接着也是谈金维诺先生。可惜周建夫先生参加不了，因为天天要陪夫人看病。在这之前，系里的会务组在联系校友的时候，我也讲到天津工艺美院的院长，也是我们美术史系和范曾同一届的李西源，他说要让我趁此机会，借追思的活动表达他对金先生的怀念，他说："金先生是我的恩师，如果没有金先生，我也不会一生从事美术史教学工作。"

另外，我想金先生不只是非常杰出的美术史家、美术理论家，同时他又在美术教育上做出了很多贡献。我想大家都记得，金先生好像经常还在考虑这样一个问题，他说，美术史系究竟是建在美术学院好呢，还是建在像北大这样的综合大学好？这样的问题不只是金先生在考虑，因为这也是学科建制上的一个普遍问题，在西方也有这样的问题，在俄罗斯也有，像列宾美术学院，和李春先生在莫斯科大学历史系学的美术史这样不同的类型。我想这个问题的时候会想到金先生最早的学习经历，他是学画的，他是湖北武昌艺专的，是唐一禾的学生，我们好多同学可能也注意过金先生画的画，那个风格也很接近唐一禾先生的作风。我想金先生的倾向是把美术史系放在美术学院的，美术学院是和视觉艺术、美术密切地结合在一起的，是这样一种类型，但是他还要超越这样一种考虑。刚才孙世昌同学讲到最早建立美术史系设置许多课程的时候，金先生请了这么多文史哲方面非常优秀的、顶尖的专家，我想这都是金先生在考虑美术史学科发展、建构过程中，从教育家的角度思考的一些问题。

我还要讲一点，就我个人最初的爱好来说，我只不过是在中学里面有一个突出的业余爱好，就是喜欢画画，油画我也喜欢，国画我也喜欢，所以来美术学院，我想这个环境太好了，脑子里对美术的概念就是纯艺术的美术学院，例如中央美术学院这样的类型。在这个问题上，金先生在我形成对美术史学科的认识过程中，给了我一个很大的校正，使我对美术史学科有了重新思考，有了更深入的认识。比如金先生讲的佛教美术专题，特别是讲从云冈到龙门石窟这个变化，它的佛教艺术在北魏时期是跟宗教和政治紧密地结合在一起的，而迁都到洛阳以后，它又是和北魏孝文帝的汉化改革紧密地结合在一起的，这在当时给了我一个很深刻的启发，就是美术不是一种纯粹的美，美术的存在是历史的，是和客观的现实社会条件紧密地结合在一起的，所以美术史的研究就不是我们最初那样很简单的，只是画画，只是一种纯艺术的享受。我想这一点对于美术史的本质意义、它的价值、它在人的主体素质建构过程中的地位和重要性的认识，有一个很大的提高。在这一点上，我想到蔡元培先生对于美术史学科的认识，我一直很有些感慨，我想金先生也是具体地把我们对美术史的认识提高到一个人的主体素质的建构和人的一种整体的美的教育，我想它的意义是远远超出美术史学科的。

我们美术史系有今天的发展，我想到永年在讲话的时候讲到 2015 年我们举办了王逊先生的学术研讨活动，今天又为金先生举办纪念活动，这两位为中国美术史学科作出杰出贡献的老师，我们都非常深切地怀念他们。今天的美术史论学科有这样的发展，成为显学，成为在整个教育领域里面起到重要作用的这样一个学科，我们应当有一个更深一层的新的认识。我在这里就谈这么一点感想，表达我对金先生的敬意和怀念。谢谢各位。

邓惠伯先生发言

邓惠伯：现在可能时间不太够了，我想抢着发个言。非常幸运，我们1978年第一批研究生考到金老师指导下的研究班来。给我第一个印象就是说，金老师是我们整个美术史系的缔造者，他的视角看得很高远。所以，我记得有一件事，我说一下，我感觉金老师时时刻刻考虑到美术史系的建设和发展。我记得我们进学校的时候，老师跟同学见面的第一天，面对八九个研究生，金老师跟我们谈话，他是班主任，主要介绍了美术史系现在的学术基础、人文情况和各方面学术积累的情况。他谈到当今的时代，必须要把我们这个系建设成为世界一流的、跟国际接轨的这样一个科系，他雄心壮志地跟我们谈话，说必须把不完整的完整起来，把没有的建设起来。当时他就讲到我们这个系最早在中国美术史、西方美术史、艺术学和美学这方面可能都有比较雄厚

邓惠伯先生

的实力，但是在东方美术史和亚洲美术史上，差了很大一块。当时金老师全面考虑给我们几个研究生分工的时候，我记得他考虑得非常全面，从巫鸿、薛永年、王宏建这些同学分下来，不可少的就是亚洲美术史，最后就把这个指定给我了。我当时是一头雾水，什么都不知道，我原来是画画的，考研究生的时候，我是利用我的长处来考的这个美术史论，来了以后，金先生给我这么一个任务。我发现金老师在这个方面对于咱们整个系的学科建设是高瞻远瞩的，站位高，这方面他给了我这个任务，其实我当时什么基础也没有，但是他马上给我些工作。比如说，我考上中央美术学院美术史研究生，实际上我以前这方面的基础很薄弱，当时最早我大概是通过一本日文词典，认识了几个日文的假名，我就作为好像有点外语基础的人考进来了。但是金老师不这么认为，他认真了。我记得在1980年的时候，日本有个美术史论专家，专门研究中国美术史、研究云冈石窟的长广敏雄教授到中国来了，长广先生给了金老师一篇发言稿和论文，那篇论文要发表到《美术研究》。其实我到了中央美术学院，我跟大家交个底，我才在北京市的广播上面学日语。结果，金老师硬把这篇文章让我翻，而且当天下午就要交。所以他是真的相信一个学生，我硬着头皮把这个事办了。所以，我觉得金老师对人的培养，站的角度很高，他觉得我们的中央美术学院美术史系必须要打开窗户，走出去和国际接轨，在后来的很多事上也可以看到金老师这方面的作为。再一个就是我想到了金老师有好几次在会议上都说到这个事情，这个也有我们国家的时代背景，"文革"以前学外语就像犯法似的，要是会点外语就怕你里通外国，所以基本上没有谁会外语。但是金老师他不一样，在我们来了以后，他几次提出我们系里面一定要培养外语人才，他提了好几次，他说邓惠伯你在自学日语吧，我们现在英语也有人，俄语也有人，法语、德语、西班牙语都要配齐，后来这个愿望真实现了，法语杜新玲来了，西班牙语邢啸声来了，德语吉宝航来了，所以金老师站得高看得远，在整个国家科技文化大发展的时候，国家必须要走出去，中央美术学院美术史系也要跟世界接轨，打开门户。

金先生自己也是这样。我记得1982年我在日本的时候，突然接到个电话，这电话是谁的电话？说来大家很熟悉，是美国名教授高居翰，高居翰教授本身最早不是研究中国美术的，他是研究日本美术的，所以日文还可以，他用日语打电话通知我，说金老师要来，让我到机场去接。那一次金老师为什么让高居翰教授通知我呢？他已经在日本的中国绘画研讨会上说我是他的日语翻译，我本身就是业余出身，所以金老师是非常信任和培养人才的，那个时候帮助我在国际交流打开一个场面。特别是长广敏雄先生那件事办了以后，我到了日本，长广先生对我非常好，成为了我在日本的指导教授。

我觉得在二十世纪八十年代，整个国家步入一个新时代，在改革开放的号角声中，在我们系走出中国和国际接轨，把美术史系办成和国际名牌大学那样比较齐全、比较有档次的过程中，金老师做了很多努力。这当中也很遗憾，我听说金老师带的那些外国留学生可能签证一时办不到，今天没有来。实际上这方面金老师也有很大贡献，他这几十年来在国际交流方面，在中国美术和国际交流结合上做了很多工作，特别是这几件事就说明金老师高瞻远瞩。美术史系有今天的规模，有这么一种成绩，是因为金老师一直想把这个系建设成一个完完整整的、高层次的、和国际名校比较相当的美术史系，这方面金老师做了很大贡献。

再一个就是他对学生的信任。在当时，说实在话，我什么都是业余出身，他就能够大胆地、非常信任地让我做这个事，我心里诚惶诚恐，但是在金先生的培养下，各方面还算顺利吧，我帮着系里做了一些工作，如果不是在金老师指导下，这个工作可能很难做。例如在研究亚洲的美术史这件事上，我们中国以前在这个方面确实很薄弱，不要说找老师，找教材都找不到。我们开始做这项工作的时候，邵老师知道，我当时就懂得一点点俄语，但是接受金老师这个任务的时候，我最初写日本美术史，都是从我们中央美术学院一本俄文版的《日本美术史》翻译过来的，全是从俄文翻译最初的东西，当时就是这么一个状况，所以非常困难。金老师能够大胆相信他的学生，我觉得对我们后继者的培养起了很大的作用，对我们而言也是很大的鼓励，我也是抱着感恩的心说这些。

单国强先生发言

单国强： 我补充一下金先生怎么培养学生，放手让学生大胆地去干，我通过工作，对和金先生的几次合作深有体会。

最早的一个就是《中国大百科全书》（第一版），这部书是比较早的，1993年就出版齐全了。当时金维诺先生担任美术编委会副主任，然后请我去写，突然之间任命我为中国绘画分册的副主编，主编是阮璞和薄松年先生。我当时非常震惊，我怎么成了副主编了呢？现在我理解了，知道是金先生推荐的，因为他当时是美术编委会的。所以呢，我毕业以后最早投入的大型丛书的撰写就是《中国大百科全书》。这是金先生放手培养学生的表现。

第二部是《中国美术全集》，金先生担任主编，这套书在二十世纪八十年代出版，

单国强先生

荣获了国家首届图书奖。我没有参加这个工作，但是我知道这个事情，因为在二十世纪八十年代的时候金先生就和我商量，说他曾经向中宣部提议，要编纂《中国美术全集》，这样能够提供大量的资料，问我们故宫博物院能不能支持，于是我就与中宣部谈。后来我就回来和当时的杨伯达副院长商量能不能合作，杨伯达说了："我们有那么多资料，为什么我们不自己编呢？和美院合作什么？"于是就启动了故宫博物院的总计12卷的《中国古代美术》项目，我们是编辑组的，就三个人，找了故宫的专家编。结果1985年出了第一本明代卷后，再也没消息了。但是，后来知道金先生自己主编了这么一套《中国美术全集》，一共是60本，也没有其他的单位资助，我觉得这个是非常厉害的。故宫的夭折了，他却坚持下来了，把60部都出了。然后，接下来我知道还有《中国美术分类全集》在2011年出版齐全，这套丛书更大，有302卷。这个是中宣部牵头的，后来我大概也听说了，就是在金先生的提议下，中宣部决定要搞《中国美术分类全集》，经过了25年的努力，出来了302卷，这可以说是现代中国美术里面最全的丛书。虽然我没有参加工作，但是我知道这是金先生努力的结果，因为他跟我说过好几次，他要跟中宣部谈，要上大型的图书。

第三部书是《世界美术通史》，这是2011年完成的，这个工作我参加了。总编是金维诺先生，副主编是邵大箴先生、佟景韩先生，还有薛永年先生，出了21本，其中《中国美术》是4本，它也纳入到中国美术明清至近代的组内，当然这肯定是金先生亲自确定的。但是写到后来就没出几章，一直没有完成，金先生说主编是杨新，他工作太忙，当了副院长，问我是不是可以帮助编一下，我说可以，我就把其他的几章都补了。最后剩个序言，催杨新，杨新也没有写出来，后来金先生就问我能不能写，当时我有点为难，因为副主编写序言不合适，要主编来写，后来金先生说，你就当主编吧，杨新什么也没写，最后把主编换了，我成主编了，序也写出来了，书也出来了。

这说明金先生非常执着，他搞那些大型丛书，花了多少精力，他一定要把它完成，并且，他大胆地放手让我们来干这些事情。当然了，这些丛书仅仅是他编著的其中的一部分，这些是最基础的，是研究美术史必不可少的图录和通史。从我和他合作的几件工作中可以看出金先生在美术史领域的建树，他做了大量的奠基工作，真是开创者和奠基人，我对金先生表示非常敬佩。谢谢大家。

徐庆平先生发言

徐庆平：今天中央美术学院举行隆重的会议，纪念金维诺老师，我感到非常高兴。因为可能旁观者清，我在这教了很多年，但后来离开中央美术学院到中国人民大学去了。这么多年走过来，回想中国美术发展的道路，中央美术学院的确跟它的名字相称，中央美术学院就是中央美术学院。而且中央美术学院到今天还是首屈一指的，恐怕不仅在中国首屈一指，在全世界也有很大的影响。它的成绩的取得，它的实力到今天能够有这么大的影响，和第一个中国美术史系有着绝对紧密的关系。而且这个系在中国艺术走向现代的过程中经历了那么多的坎坷，经历了那么特殊的时代和时期，有那么多人在这中间遭到了不公正的待遇，而一直能够走过来，在那个时期发挥了别人都无法发挥的作用。所以现在中央美术学院老教师们的绘画水平被大家那么认可，和当时中央美术学院有一个非常好的、非常了不起的美术史系有着绝对紧密的关系，这是我想说的。而在这个过程中间，一个好学校一定要有一批好老师，我们老说大学为什么

徐庆平先生

叫作大学，不在于它有大楼，而在于它有大师，金维诺老师就是这么一位大师。

因为大家刚才讲得都非常好，我也很受感动，特别是大家都在金维诺老师的门下受过他的亲自指教，我是没有这个运气，没有在金老师的门下学习过，但是我觉得他为中央美术学院确定了几条特别了不起的准则，现在我们叫作中国特色，你到巴黎、到美国也找不到这样的美术史学。

最重要的一个准则我觉得是理论联系实际，刚才薛先生讲得非常好，每一年的实习，金先生自己的成就就在于他去看了那么多的地方，走过那么多的地方，这个太重要了。特别是现在，我不知道现在美术史系是不是还能够保证去那么多地方，最近我看了一些照片，我特别惊讶，就是这几天，有一批真正到底下去考察、去拍的队伍，去到四川特别偏僻的地方，大山里面，没人去过的地方，破庙里有特别精彩的宋代雕塑，保存得特别好，"文革"时候没有人去，现在也都不知道，他们去拍了照片，我看了以后非常惊讶。所以中国像这样的真正伟大的作品在很多偏僻的、不为人所知的地方，金维诺先生带着大家去做考察做研究，公之于世，真的是对国家文化艺术发展的特别重要的贡献。而且以前在中央美术学院，我记得有好多届学生都要到法海寺去实习，每一年都要去，我觉得理论联系实际这条准则在国外的艺术史教学中很少能够看到，国外也没有我们这么强的队伍。理论联系实践，还联系了艺术的绘画、雕塑这些实践，是纯艺术的创作实践。金维诺先生自己就是唐一禾先生的学生，他当时到北京来，跟我说他是走了上百里的路，走了很长的路走到北京来，当时他也是穷学生，是他最穷的时候，但他仍然非常执着地追求艺术这个事业，所以他画也画得很好。正因为他画得很好，他也知道绘画中间的这些道理、这些难点，人家做到的地方有什么是难能可贵的，能够超越前人或者是能够做到笔歌墨舞、神采飞扬，对此他有很高的鉴赏力。我记得中央美术学院美术史系原来一直是要考画的，后来有变化，但是每一年还有下乡写生，平常还有素描这些课。如果不了解美术的科学和规律，不是深入地了解掌握，你要想讲出那种在行的话来就很困难，所以我觉得中央美术学院美术史系的这条准则也是非常了不起的。当然也有很多其他的治学方法、角度，就是因为有了以金维诺先生为代表的这一批美术史的我们的老前辈，包括现在台上的这些老专家们，中国的美术史研究、中国的美术史的发展，才能够有这么辉煌的现状和前景。这就是我们特别要感谢金维诺老师的地方。我知道的太少，就讲这点，谢谢大家。

冯鹏生先生发言

冯鹏生： 我仅用五分钟说说心里话，以表对先生的哀思。先生虽然是耄耋之年才驾鹤西去，但作为晚辈，哀痛和思念之情仍久久不能释怀，就是因为先生的风姿、先生的博学、先生的处事，在我的心里深深铭刻。先生是一位具有儒家风度的史学界探索者、开拓者、功勋。在先生教导我的时间里，我深刻地认识到先生做什么事情都是"不过"，无所不及。记得在先生的《中国美术史论集》刚刚面世时，老人家先转送给我一套，这套书读起来文如其人，光彩熠熠，精读之下受益无穷。先生的文章渊懿美茂、生机勃勃，确确实实是"万钧之洪钟，无铮铮之细响矣"。还记得晚生在二十世纪八十年代就读美院时，先生知我关于版画的那本书草就，我们这位闻名遐迩的先生对我说："那书稿繁体字肯定多，我去找人给你打印出来，以便修订。"先生对于

冯鹏生先生

晚生的抚爱蔼然之心，昭然可见，先生千古。先生走了，但是我期盼着您回眸一下团结的、清新的、勃发的、敬业的美院，我辈一定不辜负您对我们的期望，尤其我要勤勤恳恳地、认认真真地做好学校分派的工作，让我们进入一个崭新的、更加理想的、灿烂的境界。金先生，安息吧，老人家。

张郎郎先生发言

张郎郎： 我说两句，金先生在我跟美术学院的关系中起到三次特别关键的作用。

第一次是我考上中央美术学院的时候，因为我之前先考了上海外语学院，所以在录取的时候外交部比文化部厉害，上海已经把我录取了，我当时还想来中央美术学院，于是我父亲带我到了金先生家，问金先生还有什么办法，金先生说我还是应该去上海外语学院。我说我想学美术史，后来金先生说想想办法，他就找了包于国先生到文化部。因为中央美术学院当时十个人已经录取完了，他申请增加一个名额，然后我在上海就逾期不报到，算是自动退学，才来到中央美术学院。这是我人生第一个关口，即进入中央美术学院。

第二个关口是 1978 年美术史系重建，那个时候我从里面出来了，也是金先生把

张郎郎先生

我又招回美院，让我在美院假装当老师，使我的身份从美院家属变为美院学生，再到美院老师。

第三个关口，是我到美国以后在普林斯顿一开始当访问学者，后来当研究员。当时普林斯顿一定要我的一个大学时候的成绩单，我们那个时候的成绩单谁会留着拿到美国去？后来我就跟金维诺先生和张同霞先生联系，金先生和张先生找过去教过我的老师，把我的成绩单重做了一份。要是没有这份成绩单，我进不了普林斯顿，所以人生的关口就得遇到贵人。

在此我怀念金先生，我想金先生在天一定很高兴看到我们现在还这么健康愉快，还在纪念他，还沿着他的道路前进。再见。

赵力忠先生发言

赵力忠：我补充介绍一下，刚才这位发言的张郎郎先生的父亲是著名版画家张仃先生。

邵先生一开始发言讲到金先生重事业、重人才，举了个例子，说招研修班的时候扩招，招师资班，但他没有细说，我接着把这个细说一下。1978年全国恢复招收研究生，美院也招了，美术史系也招了。当时报纸登的招七个还是几个我忘了，我也是报考者之一。我们来考试的时候，突然给我发了一个白纸条，说如果你不被研修班录取，我们要扩招一个师资培训班，你愿意不愿意。我就签了，我估计在座也有人签了。从这件事情来说，金先生重人才，从事业出发。实际上当时研修班录取了将近十个人，师资班二十人，比研修班翻一番还多。长话短说，这批人最后培养出来怎么样？研修班

赵力忠先生

里有薛永年、刘曦林、王宏建，这都是在校的，其他有好多，我不说了，我就说我们这个师资班。当时名曰师资班，实际上毕业以后，我刚统计了一下，还真的是师资班，十多人到大学任教，当时有些学校里面是没有这方面师资的，比方说青岛，如果说山东是全国的美术重镇，青岛就是山东的美术重镇，山东在这之前没有专门教美术史的，后来就是我们班的邱振亮毕业以后，因为他家属在那，当时本要留他的，留不下来，所以他回去了。他回去把青岛大学美术学院的美术史课开起来了，最后带硕士生。此外，罗世平当时也是我们班的，做个比方，如果罗世平当时不在那个班，学习两年以后，会不会再考金先生的研究生，我可以说是难说的。可是起码来说，这时候给罗世平打下了一个扎实基础，后来他一步步又考金先生的研究生、博士生，一直到留校，到任教。关于这十几个任教老师，我笼统说一下：罗世平美院的，邱振亮青岛大学美术学院，陈瑞林清华大学美术学院，李永存清华大学美术学院，李起敏中央音乐学院，费新碑北京航空航天大学，胡德智北京电影学院，张邦兴中央美术学院附中，刘永翔留在系里，张保罗中央民族大学，王人为上海师范大学。这里面李起敏去世了，我以李起敏举例子，他去世以后，他们音乐学院召开了一个追思会，我去了，他们一介绍李起敏的情况，我大吃一惊。虽然是同学、同行，但是毕业后我不了解，据音乐学院介绍，他在音乐学院开了很多课，必修课和选修课加起来18门，有些课是他去了以后才开的。比如说，音乐学院嘛，本来是教唱歌、音乐和器乐，但他在那开的是美术欣赏课，如中国美术欣赏、外国美术欣赏，他还开了音乐与绘画，开了一些哲学类课程，他去了本来就教一门课，教文艺概论，后来逐步增加到18门课。我举这个例子，是为了说明金先生重事业、重人才，硕果累累，确实为我们这个事业做出了贡献，其他人我就不举例子了。谢谢。

郑湧先生发言

郑湧：很荣幸出席纪念金先生的学术讨论会，我是"文革"前最后一班，今天出席这个会的有我们班三个人，我、张郎郎、庄嘉怡。我觉得金先生，是对我后来的学术发展很有影响的一个人。我们在美术学院很扎实地学习了，"文革"前我们学了三年，我们学美术史首先从透视、素描开始，还学了各画种，这个对我们学习美术史非常有用，其实后来我们班很多人还成了画家。对于我来说，后来因为我1978年考到社科院哲学所去了，我就搞哲学，搞艺术哲学，正好碰到我的一个德国老师伽达默尔，他是讲艺术哲学的。其实对西方来说，从尼采开始，艺术哲学是哲学的一个转折点，这之前比较推崇科学哲学。我和伽达默尔在火车上碰到，谈了一个小时，这就得力于我学的美术史，比如说当时我和他讨论到一个问题：德里达，法国的一个哲学家，他

郑湧先生

主张书写，而伽达默尔主张口语、主张对话。德里达贬低口语，说其实这个文字是没有意义的，只是一个痕迹。我就说中国的书法是有意义的，有审美的意义，不是字画的意义。所以，伽达默尔听了非常高兴，说中国的美学其实补充了西方美学的很多不足。所以，后来他就叫我到他身边去学习解释哲学，实际上是艺术哲学。我讲这点就是说，我们当时在美院学得非常扎实，比如学美术史。刚才薛永年他们第一班讲到考古呀，书画鉴定呀，这些方面对学美术史都非常有用，虽然按照有些美术史专业来说，它也用不着学这些东西，讲美术史就行了，你讲西方美术史的绘画，可以围绕一个画家来讲，中国美术史讲这个就行。但是整个来说，我在美院，虽然后来搞哲学了，但是受用无穷。我学西方德国的解释学、艺术哲学，实际上是中央美术学院的美术史教育包括绘画方面的教育给我打下了很好的、很扎实的基础。谢谢大家。

黄文昆先生发言

黄文昆：我是美术史系本科班第二届学生，我们1961年开始进入美术史系学习。金维诺先生亲自给我们讲了第一堂课，他那堂课的题目就是"读万卷书，行万里路"，那堂课讲了读书和行路的辩证关系，这是引我们入门的第一堂课。金先生并不主张大家死读书，他非常注意实地考察和对第一手资料的认识。另外，金先生从这样的认识出发，非常重视历史资料工作。刚才大家讲了很多，包括他领导编撰的《中国美术全集》《中国美术分类全集》，很多美术史的资料书陆陆续续都在他的指导下编辑完成，他在学术上的贡献是非常之大的。

黄文昆先生

另外，金先生对于佛教美术、石窟寺美术非常重视。我后来在文物出版社工作，就在金先生的直接指导下编辑了很多的书，其中有一个问题我觉得要说一下。中国的馆藏文物、可携带文物都整理出版了很多，但是不可移动的文物则不同。全国的重点文物保护单位数以千计，列入世界遗产的也相当不少，但是一个普遍的问题就是非常缺乏资料，可以说90%以上的重点文物保护单位都没有完整的资料，那么这些文物遗迹一旦毁坏，将会造成无可弥补的损失。以前先辈们做了一些工作，像应县木塔，是梁思成先生领导营造学社做了一个全面的测量，但是像这种先例少之又少。

1957年，当时文化部副部长兼文物局局长郑振铎先生去敦煌考察，回来就非常强调这个问题，组建了二十人的一个很权威的编委会，这个编委会阵容豪华，当时历史界、文物界和美术界的最重要、最权威的人士都在里面，当时金维诺先生和北京大学的宿白先生是这个编委会里面最年轻的两位编委，就决定要出版敦煌的百卷本，要把敦煌所有的资料编辑出版。

二十世纪八十年代初，中国敦煌吐鲁番学会成立大会上，饶宗颐先生在大会上说，有关敦煌的那些小文章没有多大用处，要把所有资料都整理出来、发表出来。敦煌全集的编辑工作在"文革"之前进行了一部分，后来因为"文革"就中断了，没有能够继续下去，后来很多年，这个工作没有得到很好的开展。所以在常书鸿先生百岁寿辰和敦煌研究院成立60周年的一次学术讨论会上，金维诺先生就讲了这个事情，讲的过程中掉泪不止，很是痛心，因为这样一个事情这么长的时间还没有完成。这个事情现在是2011年以考古报告的形式，敦煌出了第一卷，这之后，宿白先生领导龙门石窟也出了一套书，也就是龙门石窟擂鼓台的考古报告。到目前为止，敦煌的第二卷还在进行当中，一直到现在又是7年过去了，要想办法赶紧让它出来。因为这是一个百卷本的计划，是相当长期的任务，我们还是要为这个而奋斗，毕竟这是金先生未了的心愿。这个问题之大在于什么地方呢，这个计划只讲了敦煌，只讲了个别的石窟情况，而全国数以千计的文物保护单位的资料工作什么时候才能做起来，是要等它们都毁完了再做吗？所以这个事情我觉得咱们人文学院，过去的美术史系，我们这些后来者，应该要把它视为自己的责任，我就说这点。

杨泓先生发言

杨泓: 纪念金先生是让人情绪上很激动的事情,金先生是一位挚友良师,我认识金先生是在 1958 年,到现在一个甲子,60 年。我比较不太敢进美术学院,因为我 1953 年考大学没有考上美术学院,当时吴作人问我怎么不跟他说,而是考以后跟他说没有考上,我想考前说不好。

认识金先生是这么一个情况,刚才黄文昆提到当时成立敦煌委员会的问题,那时候夏作铭先生和宿季庚先生都是我的老师,他们都是敦煌委员会的,金维诺、常书鸿,

杨泓先生

这都是真正做工作的人，剩下有很多都是老先生、名人，他们这些人做的事情比较多。当时夏先生和金维诺先生有一些联系，那个时候虽然考古所和美院那么近，但是电话很难，都不方便，当时是派个人跑去做点事方便。所以当时是夏作铭先生让我去找金先生送信和传口信，这样我才认识的金先生。认识以后，因为大家都讲了金先生的为人和他的情况，很快我们就经常联系。那个时候因为在美院讲课他都请的是我的老师辈的，像宿季庚等这些先生。但是到了后来，这些先生都不太能请来了，金先生跟我说让我来讲讲课，我说我不敢讲。一直到美院搬家搬到工厂去了，这个时候我才答应，才敢来讲课。这时我跟金先生接触时间很长，因为那个时候他住小营，我们就可以经常接触。

我想就我个人来讲，金先生最伟大的一个成就就是建立了新中国第一个美术史系。我1954年在北大念书的时候宿季庚先生和阎述祖先生让我去清华大学认识两位先生，一位是清华大学文物馆的王逊先生，另外一位是建筑史系的莫宗江先生。所以我认识王逊先生是比较早的。可是到我工作了，王先生他已经戴上"帽子"了。当然在那以前，他还让我的老师阎述祖先生把他的那个油印的《中国美术史》给我带过去了。所以，我对美术史的认识始于那个时候。后来到考古所工作，因为我具体负责的考古学内容是汉到唐之间，也就是三国两晋南北朝这部分，所以也要牵扯到石窟寺，牵扯到一些美术非遗的联系。我现在特别想说的就是金先生的功绩，他在1960年和1961年正式把美术史系建立起来了，因为那个时候我刚劳动下放回来，金先生就跟我说，这个系的情况都很好了，而且他到北大去跟宿先生要了一个我的师弟，他挑来挑去老挑不到合适的，最后就挑到了汤池。因为当时我知道美术史系有两个大的实习项目，一年要花两个月做石窟的考察，另外一年要花两个月去做博物馆的实习，所以当时一向北大要人，主要是要考古实习。汤池已经走了，就不说他的事了。

金先生在整个美术史系和学科的建立上，他的功绩是很大的。有一点可能现在的先生们、后学的先生们不理解，在二十世纪五十年代时要想建立一个学科，那真是叫艰苦奋斗、自力更生。现在很多年轻人老想去西方找美术史，真不是这样的。那个时候的考古学和美术史的建立完全是靠自己，整个是金先生的策划，而且金先生过去在美院还教过马列主义，所以他的理论水平也是很高的，他建的美术史系真是一个有中国特色的、和其他的国家不同的这样一个含有中国过去传统的学科。我们中国考古学的建立，跟国外考古学的建立也不一样，现在大家感觉很多国家对我们非常开放，但那个时候如果想跟国外联系，人家是封锁我们的。文化封锁是不能理解的，例如一些考古学的专业书籍，美国海关都给扣了，根本过不来。那时候买书，夏先生要通过各种关系，常常要转香港或者是转日本，当时我们考古所获得一些国外的学术著作是很不容易的。美术史的情况也是这样，除了苏联以外，西方都封锁我们。所以，金先生他们是在那样一个情况下，那样一个条件下，创立起来一个中国自己的有民族特征的美术史系，这个功绩是怎么夸赞都不为过的。我不占大家时间了，我想回忆金先生，基本上这点是应该特别强调的，应该怀念他。

李福顺先生发言

李福顺：时间关系我不能多讲，在座的小师弟、小师妹们对我们两班学生都不熟悉了，因为我们有代沟，我们已经年近80了。我是第二班的毕业生，1961年进校，1966年毕业，退休前我是在首都师范大学美术学院任教，鄙人叫李福顺，不自报家门的话，小师弟、小师妹们不知道我是谁。

由于时间关系我只讲一点，金先生不仅关注建立一个世界闻名的、有影响力的美术史系，而且他也时刻关注我们这些老毕业生的成长。举一个很简单的例子，我在首都师范大学任教之后，只要那里举行大型学术研讨会，金先生都要去。有时候我们偶尔回到学校，金先生见到我们，首先问我们执教的情况怎么样，可见他把美术史系的事业看得很重。我记得我们这两班招生的时候，我们这个班就招了两个藏族的学生，这个当时金先生是有考虑的，金先生关注少数民族美术，对于招生和我们的毕业去向，他都非常关注，想要尽力地使央美的美术史系扩大影响。这个扩大影响不是简单地扩大名声，而是关注每一个学生的成长情况，我觉得这个传统也

李福顺先生

影响到央美美术史系教师的团队。

我在首师大退休之前，邵先生应我们美术学院的邀请曾经到我们那里担任客座教授，经常去给我们讲课。每当我们取得一点成绩的时候，金先生就格外地高兴，所以今天美术史系在国内外有这么大的影响，与金先生的努力和老一辈的美术史全体教师的努力是分不开的，我们工作以后能够取得一点成绩，与金先生付出的心血和美术史系的老师付出的辛勤劳动是分不开的。

我在这里首先感谢金先生、王逊先生，同时要感谢美术史系全体老师对我们的付出，谢谢。

贺西林：时间已经十二点多了，还有几位老先生没有发言，希望大家简短地发言，快十二点半了。

杨庚新先生发言

杨庚新： 感谢母校和人文学院举办金维诺先生追思学术研讨活动。吃水不忘挖井人，今天中国美术史教学和研究工作能有这样辉煌的成绩，我觉得跟我们的这些前辈是决然分不开的。中国美术史学博大精深，是王逊先生、金维诺先生，包括在座的，还有没在座的所有的老师把我们引到这条道路上来。我简单说，应该还原历史。我入学的年代恰恰是中国要开始折腾的年代，也就是二十世纪六十年代，搞教学、搞科研是非常不容易的，所以我觉得用披荆斩棘来形容一点也不夸张。在我的记忆中，王逊先生是在逆境中教学，金维诺先生是在运动当中教学、科研。我记得1964年刚刚搞完社会主义教育运动，我没有多久就被下放到农村搞社会主义教育运动，所谓"四清"。我当时和黄文昆、金先生在一个村，金先生当时那么大岁数了，很艰难地在做这方面

杨庚新先生

工作。但是我觉得他没有被压弯，回来以后，他依然在搞教学、搞科研。所以，我觉得还原这段历史我们才能体会到，这些先生实在是不容易，我们不能忘记这些老先生为我们所做的这种开路的工作。特别是像我们这班，是从文化学院转过来的，我们学的是文物博物馆专业，我们既没有绘画基础，也没有文史论的底子，从头来很不容易。所以，金先生还有其他老师，可以说在大的方面给我们指路，从总的方针上，教导我们应该怎么学，从微观上具体到书写，甚至标点都给我们指导，所以我觉得学院就是科班，就该严格，这种训练非常有必要，对于我们今后的工作来说，是绝对有好处的。我们在接受教学以外，也学习美术史、美术史论、美学，并且进行实习考察，我觉得这提高了我们的艺术修养，使我们得到了全面的提高。所以我们今天在回忆这段历史的时候，感慨我们应该扎扎实实做工作。我在美术研究所曾经有一场关于以史带论还是论从史出的讨论，后来我请金先生到美研所给研究生做教学，我请金先生去，金先生每次都去，所以他的影响很大。他经常说要审慎地对待材料。我印象特别深，他有一点口音，审慎地对待材料，不能想当然地随便用材料，这点给我印象特别深，这是学风问题。我们美院美术史系的学风很正，金先生主张以科学为根据，以史料为根据，得出相应的判断和认识，我觉得要发扬这种好的学风。

我还想说，金维诺先生对中国艺术研究院美术研究所的科研工作和教学工作，都给予了大力支持，在中国艺术研究院研究生部和美术研究所影响很大，我们在这方面应该好好地把它总结一下。

最后，今天在座的年轻的同学，我们任重道远，我们一代一代地走下去，我祝愿美术史事业兴旺发达，谢谢。

刘曦林先生发言

刘曦林：我叫刘曦林，都是快八十的老头了，是新时期第一个研究班学生。因为时间关系，我只讲三句话。

第一句是第一个美术史系。它是中国历史上第一个美术史系，因为有了这个美术史系，就有了全国的美术史系，有了各地的美术史系，才奠定了中国美术史系的基础。这个功劳是在金先生身上，也是在江丰、陈沛、王琦、王逊各位先生身上，他们都是我们系的创办人，我们都喝井水的，喝水不忘挖井人，金先生就是美术史大厦的奠基者。

第二句是第一课。我的学兄薛永年先生讲到了，1978年夏天我们上学之前，金先生突然跑到新疆喀什去了，他不远万里，带着薛永年、王泷两个学长，要看三仙洞，问我能不能有办法帮忙，因为我已经在那里工作了15年，在小报当个小记者。我找到了市长，市长竟然支持了，他说有中央美术学院的老师要来看三仙洞，这可能是第一个来看三仙洞的学者，所以当时给我拨了消防队的云车。云车支上去了还差一米多，怎么办？消防队员上去，金先生上去了，刘曦林上不上？我也得上。这是第一课，很有意义。

第三句是最严格的老师。金先生是喜爱我的，我知道他很爱我，但对我特别严。给我印象最深的是他批评了我两次，他委托我和巫鸿做班长，为大家服务，但是我们大部分从基层

刘曦林先生

来，有各种各样的关系，他们到北京来要住在这里，住不起饭店，有的朋友只好住在教室里，被金先生发现了。他说："刘曦林，我叫你们来，不是让你们招待客人的，是让你们做学问的。"你们都不知道，我没有传达。再就是为了论文，在我的论文里有几句批语：在作者看来，似乎只有怎么样才能怎么样。面对学生，他本来可以随便提问，但他是以一个学者的风度，好像是在反驳我，和我辩论，表现出他对我的一种严厉的要求。在我平生的作业里面，没有这样严厉的评语。金先生跟我发火的时候你们都没有看到，他常说"这个思维方式怎么能这样""怎么能这样想问题呢"，说得非常严厉。正好我也是最爱严师的学生，所以我和金先生的关系始终非常密切。有时候金先生跟我说他是不是那次说话太严了，我说："没有，老师说得非常正确。"我永远忘不了金先生的话。

还有，金先生是我们美术史界第一个使用电脑的人，这点大家知道的，金先生是思想解放的人。关于他的理论和实践的结合，我再举个例子。我到金先生家里去看金先生的时候，不像薛永年，带着小米，带着什么，我没有拿，但是金先生给我看了一张画，他画的油画，大家可能没有见过，画得非常好。我不知道范迪安走了，咱们再想办法让中国美术馆收藏起来。咱们美术学院收藏好不好？

薛永年： 在你那？

刘曦林： 不是，在金先生家。我当时就想什么时候拿到中国美术馆。这是一个事情。

还有一个事情，我保存了金先生一部手稿，你们谁有？我的朋友在集市上发现了"文革"以前金先生写敦煌的手写稿，总共二十几页，朋友给了我，如果人文学院要建一个档案馆，我要想想是给你们还是给美术馆。

最后一句话，是最后的笑容，金先生经薄松年先生的介绍住在养老院的时候我去看他，临终前一个礼拜，金先生说："刘曦林啊，你是不是最后来看我的？"我说："不一定。"当时我看到了金先生的笑容。金先生知道我家里小孩小时候有病，非常关心这件事情，我就写个纸条告诉金先生，孩子非常好，金先生笑了。金先生的笑容永远留在我们的心里。谢谢大家。

刘汝阳先生发言

刘汝阳：今天我也挺感慨，金先生走了一年了，我有一个遗憾的事，就是最后没有见到金先生一面。我是头一届美术史系班的，我们班现在有八个人在那边等着金先生，所以金先生也不孤单。我也很幸运，那一年正好成立美术史系，我就报了美术学院。我怎么去的？因为大家都喜欢画画，我也一样，我喜欢古元的水彩和版画，报的是版画系，口试的时候，李桦他们问我愿意不愿意服从分配，我一想，都到了美院了，在哪个系不一样，我说我愿意。就跟那个结婚似的，他说你愿意不愿意，我说我愿意。没有多长时间，我就收到了美术史系的通知书，我当然很高兴，但是我也不知道美术史系是干什么的。金先生给我们讲课，当时我们班有二十几个人，有一个叫老董的，那时候金先生是我们的系主任，李松涛先生是我们的班主任，班主任跟我们这个老董

刘汝阳先生

岁数一样。所以我就上了美术史系。如果是美术史系再晚招生，我就考不上了，也没有勇气第二年再考，所以我很幸运。我以美院的美术史系为骄傲，听到美院有那么多人才，做了那么多事，我也挺骄傲，因为我有这么多校友。后来我是分配到美术出版社工作，当了一辈子编辑。我在美院学习的东西一点也没糟蹋，都用上了。我的工作也还可以，因为我们编辑室出的书，把社会效益、经济效益都摆在前头，我们的编辑室后来被新闻出版署评为先进集体，所以我是非常感谢金先生，怀念金先生。别的不说了，我就说我没给美术史系丢人。

众人：争光了。

陈瑞林先生发言

陈瑞林：很高兴接到邀请，离开系里面将近 40 年了，重回系里面，这是一个很难得的机会。我是 1978—1981 年师资班的学员，师资班是当时特殊历史年代的特殊历史产物，也带来一些特殊的问题，但是不管怎么样，我是非常感恩母校，感恩母系，感恩金先生，感恩已经故去的汤池先生、薄松年老师，等等。要感谢现在还健在的老师们，要感谢各位学长。没有他们，我的人生道路可能又是另外一个模样，所以我在这表示最尊敬的感谢！感谢！！感谢！！！

陈瑞林先生

张旭先生发言、李松先生致信

张旭: 我不多讲,我感谢我的恩师,我没见到我的恩师(泣不成声),我今生后悔、后悔。我希望我的恩师在另一个世界都好,当我到另一个世界的时候,我再去拜他,再拜他。

张旭先生

贺西林: 李松涛(李松)先生来不了,有一个书面的文字,我帮着读一下。

接奉 4 月 18 日通知,我因两次患脑梗,行动有所不便,不能参加 5 月 10 日纪念金维诺先生学术研讨会,敬希鉴宥。

今传上小文《学术摆渡人——金维诺先生行迹鳞爪》与《同学少年——记 1957 年的中央美术学院美术史系》权充书面发言,并请代向张同霞、孙美兰、李树声、邵大箴诸位老师和与会诸先生致意,祝会议圆满成功。谢谢。

美术史系老学生 李松 上
2019 年 4 月

贺西林: 下面还有专程从日本赶来的日本学者,也是金先生的学生,冈田健先生,讲两句话。

冈田健先生发言

冈田健： 尊敬的老师们，尊敬的大前辈们，现场的老师们，同学们，大家好。我叫冈田健，来自日本，我是 1983 年 2 月份到 1984 年 7 月份在中央美术学院美术史系念过书的学生，当时金老师是系主任。我可以说是比较早期的外国学生，是第三个或者第四个在美术史系念书的日本学生。当时如果来中国要学习佛教，特别是石窟艺术的话，有两个学校可供选择，一个是北京大学，另外一个是中央美术学院。我想要来中国学习，我问了一位先生，问的这个人是很好的，就是你们很熟悉的是东山健吾先生，他当时是成城大学的教授。我是东京艺术大学美术史系的学生，他在东京艺术大学美术史读到第三年级的时候退学，跟着他父亲一起来北京，所以他是我的前辈。我问了他，他说你是美术学校的学生，所以还是在中央美术学院学习比较好。对我来说，的确还是在美术学校学习佛教艺术史有更好的效果。1983 年 1 月份的时候，当时

冈田健先生

日本的学生已经有2000个人，有一天在人民大会堂集合做一个活动，我发现里面有中央美术学院的老师们，包括金维诺老师。我问了金老师，说我现在在北京语言学院学习中文，很快要到中央美术学院。那个时候，我的中文不是这样的。听我的中文，金老师说："哎呀，你的中文啊，水平还不高，所以你慢慢学习中文吧。"我有点失望。二月份过了春节以后，我接到这个消息，中央美术学院允许我到美院学习，所以我从1983年2月开始学习了。1983年的时候，外国人在中国学习石窟寺艺术，对老师们来说也是有一点困难，外国人不让随便看石窟寺的造像、壁画，但作为学生，我们还是要看，可是，怎么解决这个问题呢？现在想起来，金老师是有一点困难的。后来我记住了金老师说的我的中文水平的问题，所以我到了王府井的中央美术学院，每周一次到语言学院请老师辅导我的中文。之后我自己写了一篇关于龙门石窟的文章，1984年春天的时候才把这个文章交给金老师，金老师好像没想到我这样的人能写这样的文章，当然文章能写成有语言学院老师的帮助。这篇文章在当时的《美术研究》1984年第2期杂志上发表过的，这好像是第一篇外国学生以学生的身份在《美术研究》上发表的文章，署名为"日本进修生冈田健"。这次来这里，我想起我写过这篇文章，这就是我在自己的人生中最初发表的文章。这个文章的第一行写的是什么呢？"金维诺先生在《龙门石窟》中认为奉先寺创建于咸亨三年"，这是我第一次写文章的第一行有金维诺先生的名字，所以这次特意给大家介绍了这个故事。现在已经过了35年了，已经过了当时金维诺先生的年龄，可是看金维诺先生的一生，我也还有30年时间，所以感谢金维诺先生，同时要向金维诺先生表示，我还是继续努力做研究，我是这么想的。谢谢大家。

贺西林：另外，也是当时美术史系的老的学生，巫鸿教授，因为他也不能来，特意录了一段几分钟的视频，希望能够放一下。

巫鸿先生发言

巫鸿： 我很抱歉不能参加这个聚会来怀念和纪念金维诺老先生，但是我也很高兴能够通过视频跟大家分享一下我从金先生那里学习到的一些东西，表达对他的怀念之情。

其实我和金先生接触比较多是在"文革"以后，我们都从外面回来了，而且我在1978年的时候就重新报名回到学校上硕士班，那个时候就和金先生联系比较多一些，他也看过我写的东西，做了批语。当时《美术研究》复刊，我的一篇文章登在第一期上，他也下了很大功夫，而且带着学生去大同、克孜尔等，所以我感觉一下就与他更亲近，并且对他做学问的方法、为人有更多的了解。我到美国以后这个关系还在维持，他去哈佛大学参观，而且我到芝加哥大学任职以后，也请了金先生来参加汉唐美术和考古的系列会议。

巫鸿先生

谈金先生对我的影响大概有哪几个方面，肯定不是要做一个对金先生的学术总结，那是一个更大的工作，我只是从自己的角度来看他在哪几个方面对我的影响比较大。

第一个，通过金先生写的东西或者听他的讲话，可以发现他对第一手材料非常敏感，因为历史材料、考古材料浩如烟海，我们去研究什么材料，选用什么材料，往往代表了一个研究者的学术背景，也代表了他对学术、对思想的敏感性，我觉得金先生这方面是特别地突出。

还有一点，从现在看起来，金先生是很早开始就非常有意识地，而且比较大规模地把考古材料和美术史结合起来的一个学者，虽然现在看起来都是很普通，但用考古材料做美术，在二十世纪五十年代甚至六十年代早期，并不是那么一个很明显的事情。所以考古资料逐渐变成了美术史的一个非常重要的资源，这是中国美术史的一个很重要的特色，因为我在西方可以比较明显看出中国美术史有很强的特点，中国从资料开始，到研究方法，到学者的这种历史观念，都与西方有一些不同，我觉得金先生在考古方面的推动是非常重要的。

这个就联系到我想谈的下面一点，金先生对考古的运用，不是说就不管传世的作品和画论，其实他是很努力地把这三者融合起来，这些方面直到今天还是我们应该学习的。而且他勇于打破界限，不限于绘画是绘画、佛教艺术是佛教艺术，而是能够触类旁通，我觉得这是金先生很了不起的方面。

金先生还有两点对中国美术史的建构做了贡献。一个是宏观和微观的结合，就是他对具体材料找得很细，写得也很细，但是他又做了大量工作，比如编《中国美术全集》，把新的材料融汇起来，让大家都能够使用，类似这种宏观的东西他也做了很多，所以这两方面是相辅相成的。还有一个，我觉得他的思想是非常开放的，对于什么是美术史，什么是中国美术史，我觉得金先生他脑子里并没有一个条条框框，他脑子里的是一个不断发展的概念，比如他后来对藏传美术的兴趣，还有对考古的兴趣，有很多的兴趣，都反映了他将美术史的边缘往外扩张，而不是拘泥于一些条条框框。我觉得这两点都代表了中国美术史还是一个比较年轻的学科，在生产过程中受到很多学者老先生的呵护，他们把毕生心血放在里面，我觉得金先生也是中间很重要的一位。谢谢。

贺西林：我们最后再请金维诺先生的家属，金先生的孙子金小尧说几句话。

金维诺先生家属代表金小尧先生发言

金小尧： 大家好，我没想到会拖这么长时间，我简要地说一下作为家属的感谢。

首先，我作为家属非常感谢院领导、老师们在爷爷去世之后把研讨会和图书捐赠这些纪念活动办得如此充分和圆满，也感谢各位老先生不远万里来到这里纪念他，相信他如果能够知晓纪念他的人能相聚一堂，会十分欣慰和高兴的。爷爷一生向学，也把研究和文章看得最重，他一直勤奋专注在传道授业上一辈子，他生前最希望能够让他的藏书与其他成果继续发挥余热，所以我们把他的藏书捐给了人文学院，前一段时

金小尧先生

间这个事情落定，做得非常好，然后也希望各位老师能够去看看。也感谢人文学院的老师们、同学们，尤其是王璜老师和志愿者们能把捐赠的这些保护好，完成了他的心愿。我也代表家属转达一下感谢，因为爷爷病重的时候很多人去看他，上次一直说要有一个单独的感谢，这次就直接一并在大会上说了。特别感谢薛永年先生、罗世平先生、陈焕彩先生、贺西林先生、赵伟先生、谢继胜先生、戴晓云先生、陈雨前先生、邵军先生、安树成先生、李俊先生、廖旸先生、孙志虹先生、凡建秋先生、倪葭先生、刘曦林先生、黄文昆先生、张淑芬先生、邓惠伯先生等，谢谢你们的支持，谢谢你们来看望爷爷。

　　作为年轻人，今天能听到老先生们对爷爷的回忆，更多的是了解他作为教师的热忱，也能够感受到先生们对他深深的情感，这种陌生但是很亲切的回忆也是激励下一代人的学养。我自己呢，也是很荣幸听到这些事迹和教诲。我自己并未从事美术史研究，我似乎很巧合地延续了我爷爷少年时的理想，我学西画，画油画，但是依然从各位先生这里能感受到这种一代代传递下来的爱和教导。我想这些老师对学生的关注、关爱，我没能通过当爷爷的学生体会，但是我在美院学习、毕业，和我自己把这些知识分享给我的学生的时候，老师们的为人和专业严谨的治学态度都是传承下来的，经过一代代前辈的不断的积淀，越发宝贵，我想这也是爷爷给后人最丰厚的遗产。

　　我最后说一点，我曾经印象最深的是老先生在四年前大概从教 60 周年的发言，他年事已高，听不太见了，也听不到别人对他的赞美和感谢，最后他只是说希望余生能继续为党为国家为学院工作。当时我不算太理解，但是今天听了各位老先生分享他当年的教学和很多事情，我越发有感触，谢谢先生们，也谢谢老师们，你们有这样远远超过义务的无私奉献，才能让我们所在的这个学校这么美好，能让后人这么自豪，非常感谢。

郑岩：我们感谢金小尧先生最后的讲话，今天上午的活动基本结束。刚才金小尧先生提到有一个事情，也在这跟各位再次通报一下，金维诺先生最后把他所有的藏书，包括他的一些资料，都捐给了人文学院的图书馆，人文学院图书馆的老师和我们一些志愿者同学花了很大的心力整理这些材料，我在这里必须感谢一下王璜老师，我们因为事先没有跟学校做预算，有关费用不能马上报销，王老师自己垫了几万块钱来整理这批东西，为我们这个会议做了一个小型展览。中午大家吃饭的时候，如果方便的话可以到我们的图书馆，很小的一个空间，去看一看。这些资料刚刚开始初步整理，因为非常丰富，还要很仔细地、很慎重地来处理，不能一下弄乱了，所以现在大家看到的成果只是一个非常初级的部分。薛永年先生也给这个展览题了字，罗世平先生、尹吉男先生都写了文章。

第二部分　学术研讨

第一场

主题：传铎——纪念金维诺先生美术教育与学术成就研讨会

时间：2019年5月10日下午

地点：中央美术学院北区大礼堂

黄小峰： 各位老师、各位同学、各位尊敬的嘉宾，我们经过了非常密集的一上午的纪念金维诺先生的纪念会，下午的内容要开始了。下午人文学院委托我来主持，我叫黄小峰。可能有些老先生不知道我。我入学非常晚，1998年在美术史系开始读本科。1998年到现在已经有21年了，我入学的时候金先生已经退休了，所以没有正式给我们本科班开过课。但是我印象中罗世平老师还请金先生来给研究生班讲过课，当时我们班基本都去蹭课听。金先生讲课特别慈祥，特别可爱。我大概上过两三次金先生的课。后来我读研究生的时候，美院有一次还请金先生来给全院做过一次讲座，所以相对来讲我和金先生的接触比较少。我是1998年入学，我想在座可能还有更年轻的本科或者是硕士同学，也许还没有我这么幸运听过金先生的课。今天下午的内容和上午比会有一个变化，上午主要倾向于纪念，缅怀金先生在为人处世包括治学方面的一些特点。今天下午这半天主题是金维诺先生的学术贡献报告会，我们很荣幸地请到了五位金维诺先生在不同时期招收的博士生，其中有三位后来在中央美术学院美术史系任教，包括罗世平先生是继金维诺先生、薛永年先生之后美术史系的系主任，所以我想待会一个一个上来我再介绍。今天下午也会分上、下两场，上半场是三位学者，下半场是两位学者。今天下午的时间相对比较充分，每位学者有20—30分钟的时间。

我们首先有请罗世平教授为我们做关于金维诺先生对汉传佛教美术研究贡献的报告，欢迎。

黄小峰教授

通古知今 开拓进取——金维诺先生在汉传佛教美术研究领域的学术成就

中央美术学院 罗世平

罗世平: 各位老师、各位师长、各位来宾、各位同学,大家下午好。根据这次纪念大会的安排,我们这个单元主要是对金维诺先生在治学上的成就,分领域地进行总结性的介绍。我今天介绍的主要内容是金维诺先生在汉传佛教美术研究领域的学术成就。我的题目是"通古知今,开拓进取"。

金维诺先生是著名的美术史论家、美术教育家,中国美术史学科的主要创建人,长期主持中央美术学院美术史系的工作,是国际知名敦煌学者,曾任中国敦煌吐鲁番学会副会长、中国国家文物鉴定委员会委员等职务。金先生从事美术史研究,起点是在二十世纪五十年代初。1953 年他调任人央美术学院,任理论教研组组长,兼任新建

罗世平教授

立的民族美术研究所助理研究员，这是他从事美术史研究的开始。他于 2018 年 2 月 17 日去世，学术生涯 65 年，享年 93 岁。

金维诺先生个人的学术成就包括了敦煌学、藏学、美术文献学、美术考古、书画鉴定、民族美术等多个领域，成就卓著。我下面重点介绍金先生在古代石窟、寺观壁画雕塑等领域的学术研究成果。

敦煌石窟艺术的研究是金维诺先生最早涉足的领域。从 1900 年敦煌藏经洞被发现，到 1930 年陈寅恪先生提出"敦煌学"这个概念，到中华人民共和国成立初年这半个世纪中，敦煌学的成果主要集中在敦煌文书的研究。1944 年敦煌成立了艺术研究所，在常书鸿先生的主持下开始着手敦煌壁画的临摹、调查，画家和学者也纷纷到敦煌进行考察，但对于敦煌石窟壁画、雕塑做艺术史的研究，未能跟得上国际敦煌学的进展。金先生 1955 年随民族美术研究所西北考察团第一次走进了敦煌，在敦煌两个月的时间内，他的调查包括了壁画的题材、风格、碑铭题记、洞窟年代等多方面的资料，其中有不少是在这次的考察中的新发现，这为他日后研究敦煌艺术提供了第一手的资料。

走出敦煌后，1955—1956 年期间金先生连续发表了一组具有开创性的论文。1955 年《美术》杂志第十期发表了题为《丰富的想象，卓越的创造——论敦煌莫高窟壁画的成就》，1956 年第二期《文物参考资料》和 1956 年第八期《文物参考资料》发表了两篇讨论敦煌美术的论文，一篇题为《按照美的规律塑造——谈莫高窟的彩塑》，另一篇题为《智慧的花朵——谈敦煌图案的艺术成就》。这三篇论文分别涉及壁画、雕塑、图案三个领域，不仅是他个人研究敦煌的开篇之作，而且也是中国美术史学者专题讨论敦煌艺术的划时代文献。我将这个时期发表的文章在时间上进行过比对，金先生的文章是中国学者论述敦煌美术的最早文本。

二十世纪五十年代后期金先生陆续发表了《敦煌本生图的内容与形式》《敦煌壁画〈祇园记图〉考》《〈祇园记图〉与变文》《敦煌晚期的维摩变》等一系列文章，备受敦煌学界的关注，敦煌的美术研究也以此在敦煌学中占有了一席地位，改变了原来的敦煌学只见文书研究不见美术研究的状况。其中奠定金先生在敦煌学领域学术地位的是《敦煌壁画〈祇园记图〉考》（《文物参考资料》1958 年第 10 期）、《〈祇园记图〉与变文》（《文物参考资料》1958 年第 11 期）、《敦煌窟龛名数考》（《文物》1959 年第 5 期）以及后续发表的《敦煌窟龛名数考补》（《敦煌研究》1988 年第 2 期）。

《敦煌壁画〈祇园记图〉考》《〈祇园记图〉与变文》这组文章是富有开创性的。《祇园记》是印度佛经中常见的故事题材，传到中国后出现了由佛经改编的俗讲变文，敦煌保存有按照这一故事描绘的《劳度叉斗圣变》等多幅大型壁画。金先生在调查这一题材的壁画过程中首次发现壁画上题写的榜题文字并不出自佛经，而是从变文录出的。文章发表后，得到敦煌学界的普遍认同，由此改变了学界对这一壁画题材的原有认识。这组文章也就成为了敦煌学史上将壁画变相与变文进行对照研究的标志性文献，对于其学术价值，林家平、宁强、罗华庆编写的《中国敦煌学史》（1992 年）评价道："《〈祇园记图〉与变文》（《文物参考资料》1958 年第 11 期）则是将'变文'（文学）与'变相'（美术）进行交叉的研究，将石室遗书与石窟艺术进行综合的立体的研究。这在整个敦煌学发展史上标志了新的突破与成熟化和高级化。它对敦煌学两大部类（石窟艺术与史地、遗书）的丰富与交融具有特别重要的意义。"这是敦煌学研究中具有方法论意义的代表性文献，从此以后敦煌学中原来各自独立的两个研究方向建立起了实质性的联系。

《敦煌窟龛名数考》《敦煌窟龛名数考补》这组文章，是金先生根据一页敦煌残经写本裱褙纸上的《腊八燃灯分配窟龛名数》文书所撰写的，原件由吴曼公收藏。根据这件文书记录的线索，对照敦煌现存窟龛的位置、壁画、造像以及榜题、碑刻、文字等资料，金先生逐一考订出在公元 1011 年莫高窟部分洞窟的准确位置、名称、功德主和修建年代，并对可能被沙埋的洞窟做出了有依据的推断，为复原莫高窟崖面洞窟分布及敦煌腊八燃灯习俗提供了准确的依据。这组文章发表后，对于敦煌莫高窟的分期研究以及后期窟前遗存的考古发掘工作起到指导性的作用。

季羡林先生主编的《敦煌学大辞典》，其中设有金维诺专条，释文中重点列出了上述的论文，可以想见上述研究在中国乃至国际敦煌学界的影响程度。《敦煌学大辞典》出版于 1998 年，还没有来得及收入金先生另外一篇重要的论文，题为《吐蕃佛教图像与敦煌的藏传绘画遗存》（《艺术史研究》2000 年第 2 期，广州中山大学）。这篇论文是特为纪念敦煌藏经洞发现 100 周年而撰写的专稿。文章依照的资料是金先生二十世纪五十年代实地调查抄录的敦煌独煞神堂（敦编 465 窟）壁画上的古藏文题记和书画鉴定家张珩先生当年转赠给金先生的敦煌《金统二年（881 年）壁画表录》文书。论文中将这两种资料记载的壁画内容进行了对勘释读，提出重新看待第 465 窟年代的意见。莫高窟第 465 窟长期以来被认为是元代的藏密洞窟。金先生这篇论文发表之后，曾引起了学术界对敦煌吐蕃时期洞窟的关注和全面研究。金先生论文中的分析和结论虽仍有争议，但丝毫不影响这篇论文的学术价值以及对于敦煌学研究的影响。例如近些年引发学术界对敦煌吐蕃时期洞窟的关注和系统调查研究的陆续推出的专项的重大成果，在很大程度上是受到了金先生这篇文章的启发。

由敦煌石窟艺术的研究转向对中国石窟的全面研究，对金先生而言是一个自然的学术过程，从二十世纪六十年代到九十年代，金先生曾多次主持新疆、甘肃、山西、河南、四川等地的石窟调查、测绘、临摹等项目。二十世纪八十年代，参与中日合作出版的《中国石窟》的编委工作，金先生与夏鼐、宿白、长广敏雄等石窟美术、石窟考古方面的专家共同担任主编。在这期间他撰写了《炳灵寺及其在佛教艺术交流中的地位》《麦积山石窟的兴建及其艺术成就》《龟兹艺术的风格与成就》等多篇专论。在对中国石窟艺术和寺观壁画的分析研究中，金先生特别强调中国是多民族的国家，美术的历史是由多民族共同创造的历史，因此决定了中国美术一体多元的特色。秉持这样的历史观，金先生一方面在研究和教学中关注民族民间美术的多种形态，一方面有意识地发现培养有志于边疆民族文化的研究人才。自二十世纪九十年代以来，金先生指导的博士和博士后课题包括了新疆、西藏、内蒙古等地多民族的美术以及彼此之间的互动关系，考古发现和地面遗存在不断地证明中国内亚文明多民族共生所形成的独特审美。由此我们可以从中领会金先生在学术上的高度和深层的意义。金维诺先生和我于1995年出版的《中国宗教美术史》，是中华人民共和国成立以来第一部以宗教美术遗迹为内容的专门通史，书中的文脉叙事就是根据这一历史观铺陈展开的。这部著作在1999年中华人民共和国成立50周年之际荣获了文化部第一届文化艺术科学优秀成果二等奖。

金先生的美术史研究在方法论上重视实地调查，但不忽略文献，重视艺术史迹的实证，但不偏废理论；关注最新的学术动态，尤其注重考古的新发现，不断拓展自己的研究领域，因而常能突破陈说，发表新见，走在学术的前沿。他的研究特色归纳起来有三点：其一，文献与实物的结合；其二，史与论的结合；其三，本体表现与审美观照的结合。

二十世纪七十年代中后期，随着改革开放和中国城市化建设的进程，在全国各地不断有重大的考古新发现，新出土的美术品的数量变得丰富起来。举例来说，长沙马王堆汉墓帛画、内蒙古和林格尔东汉墓壁画、新疆吐鲁番唐墓傀儡俑和绢画、太原

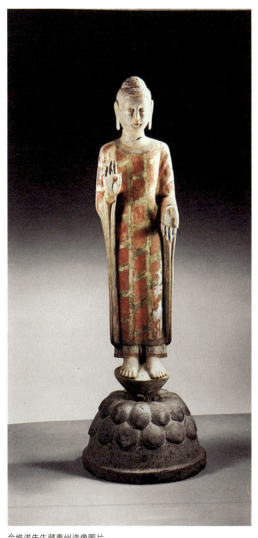

金维诺先生藏青州造像图片

北齐娄叡墓壁画等，金先生都几乎在第一时间到实地考察，参与讨论，发表研究文章。直到 80 岁高龄，他仍然保持着这样的学术敏感。比如对于山东青州、四川成都地区窖藏佛像的出土，金先生发表了《青州佛教造像的艺术成就》《南梁与北齐造像的成就与影响》等重要论文，将他长期思考的佛像的样式风格问题与新发现的造像联系起来。2002 年金先生出版了专著《中国古代佛雕——佛造像样式与风格》，从中可以看出先生多年来对于佛教艺术风格样式的关注与思考，关注美术发展规律和美术创作的本体问题。

2013 年出版的《中华佛教史：佛教美术卷》（山西教育出版社），是金先生在 80 多岁时受季羡林先生和汤一介先生的邀约，参与的"十二五"国家重点图书出版规划项目《中国佛教史》丛书。这是他主编撰写的一部中国佛教美术的通史著作，全书近 50 万字。书中不仅时代脉络清晰，特色鲜明，有关佛教美术的新发现，如山西寺观彩塑壁画、青州佛教造像、四川南朝佛教造像、佛教版画等，皆是金维诺教授 80 岁前后的新成果。在这些成果论文中，都有金先生对最新资料的引入和通过研究得出的独到见解。

金先生的治学，重视实物与文献的相互参证，主张从基础资料的整理中提出问题，通过辨析过程得出答案，进而归纳出理论见解。分析个案举证详赡，鞭辟入里，综合的研究则提纲挈领，深明要义。他的治学方法可以归纳为：文献与作品的结合、出土品与传世品的结合、古代与现代的结合、宏观历史规律与微观个案分析的结合。理论阐述与本体实践结合这样一个具有学科方法论的架构，充分吸收了中国画学传统，即史论兼容、鉴赏并重的特点。中国的画学传统是史论兼容的，从《历代名画记》到以下各朝代的画史文献，基本上呈现的都是这种面貌，而同时又是鉴定与赏析并重的。金先生在书画鉴定和写作过程中对具体作品的分析看法遵循了这个基本的学术路径。这样做既避免了传统绘画师资与门户的限定，又紧密地关联到美术创作的实践过程，形成了一个有美术学院背景、理论与艺术实践互补的美术史论的学科体系。

正是因为在金先生率先垂范和高屋建瓴的学术筹划的推动之下，中央美术学院美术史学科经过一段时间的建设，形成了鲜明的学科特色。在汉唐美术史、明清美术史、中国宗教美术史、书画鉴藏史、西方美术史、艺术理论等学科领域里形成了专业学术优势，汇聚了一流的专家阵容，取得了瞩目的学术成果。对于中国的美术史论事业和学科面貌的格局，金维诺先生以渊博的学识和永远进取的精神承担起了历史赋予的使命，无愧于一个时代的托付，他的学术人生和人格魅力将激励着我们后来者接过新时代的使命，他那充实而又光辉的精神丰碑将照亮继起者接力的路程。

金先生逝世时我写了一篇缅怀先生的文章，发表在《美术》上，在此重复一下文章的结语：学术在，文心在，先生精神永在！

谢谢大家！

黄小峰：非常感谢罗世平先生为我们做的关于金维诺先生汉传佛教美术研究方面的大致梳理，我想如果时间充足的话罗先生可以讲一天或者一个礼拜，因为金维诺先生的研究真的是博大精深。因为时间关系，接下来有请熊文彬先生。介绍一下，其实我也是第一次见到熊文彬老师。刚才我忘了讲，金先生在学术上对美术史还有一个很重要的贡献，他不仅开拓了学术，同时也在中央美术学院创立了新中国以来的第一个美术史的博士点，所以刚才的罗世平先生是新中国培养的第一位美术史博士。我问过贺西林老师，熊文彬老师应该是第二位博士。我们接下来再次以掌声欢迎熊老师。

中国藏传美术研究的拓荒者——金维诺先生对藏传美术研究的贡献

四川大学中国藏学研究所、历史文化学院考古系　熊文彬
浙江大学汉藏佛教艺术研究中心　谢继胜

熊文彬： 非常感谢母校尤其是人文学院让我出现在这个讲台上，心情也是比较复杂，那我就长话短说，而且现在下午，现在大家都很困，所以我想尽可能简短一点。

按照学校的安排，让我介绍一下金先生在藏传佛教美术方面的贡献。我十分惶恐，马上给谢继胜教授打电话，因为担心会是挂一漏万。最后我们俩商量做了一个稿子，由我在这里代讲一下。有不妥之处敬请大家指教。

熊文彬教授

今天的情况和二十世纪五十年代、七十年代、八十年代的情况是迥然不同的，应该说在现在的局面下，藏传佛教研究方面可以用"方兴未艾"四个字形容，而且是生机盎然。中国的藏传美术研究，在二十世纪五十年代乃至八十年代基本上是荒芜之地，所以我的题目应该是比较恰当的，金先生是中国藏传佛教美术研究的拓荒者，这个一点都不夸张。今天无论是中国美术界、考古学界还是历史学界都深刻认识到西藏、甘肃、青海、四川、云南等藏区和新疆、内蒙古西北、东北各地以及内地丰富的古代藏传美术遗存，是中国美术的重要组成部分之一，它对于构建中国美术史和研究统一的中华民族文化都具有十分重要的意义，作为共识，这个无可争议。但是在30年以前甚至40年以前、50年以前，完全是另一番样子。我简单来举一个例子。

对于藏传美术来讲，我们中国起步比较晚，西方起步比较早，这是一个特殊的现实，中国相关的研究一直落后于西方。令人欣慰的是这个局面在上世纪九十年代发生了重大的改变，越来越多的学者不仅意识到其中的价值，而且率先开展资料调查、整理和记录，并且培养了一批年轻学者，从而改变了藏传美术研究中不见中国学者的历史。藏传佛教美术研究中不见中国学者，是在上世纪九十年代以前，全世界的美术学术上面临的尴尬的状况。这句话不是我说的，是我引的罗先生的一篇文章，他刚刚提到的他追思的一篇文章，发表在《美术》上面。从此之后开始改变了，是谁改变的？两个渠道，在我们整个中国，一个是考古界一个是美术界。考古界是宿白先生、王毅先生，美术界就是金维诺先生，金维诺先生对藏传佛教美术的开拓功不可没，藏传美术的研究没有他的披荆斩棘，就不可能迎来生机盎然的今天。这个情况必须从历史来看，今天无论是国内还是国外，应该说我们中国做的研究不敢说可以和西方并驾齐驱，但是我们还是追上来了，而且在个别领域还领先于他们。这是一个很漫长的历史，在这个历史中，金先生做了非常重要的贡献。

那么我下面分别讲几个小点，总结金先生在藏传佛教美术上所做的四个贡献。

第一个贡献是，用藏传佛教美术构建完整的中国美术史。研究藏传佛教本身也是他的初衷，但是不止于此，他是要用藏传佛教构建完整的中国美术史，用更确切的话来讲，是构建完整的当代中国美术史。为什么这么讲？以前的美术史除了书画以外，基本上是汉族美术史，没有其他的，都是阳春白雪，更不要谈少数民族的、边疆地区的美术史，几乎是一片空白。他研究藏传佛教美术，除了发现藏传佛教美术的大量遗存以外，最重要的是填补了中国传统美术史的空白，通过研究大量的以藏传为主的边疆各民族的美术，来重建、重构完整的中国美术史。我想对于藏传佛教美术的研究，我们应该以这个高度来看待。

对于藏传佛教美术的研究，金先生最早是通过敦煌来接触的。刚才罗先生讲得很清楚，金维诺先生是最早关注和研究藏传佛教美术的学者之一，他在1955年第一次到敦煌做调查的时候开始关注。金先生在敦煌佛教美术领域重要的开拓性的划时代的成果，包括《敦煌窟龛名数考》，我不再重述了，这是非常重要的贡献。他在调查研究过程中发现、调查了很多吐蕃占领敦煌时期留下的石窟，包括它们的窟型，包括它们的题材，包括它们的构图，包括它们的色彩、纹样，和以前的不一样。甚至他很早就观察到465窟里面的古藏文题记。金先生将这些材料描摹下来，而且使其成为他研究的一个最重要的材料，不要说是在二十世纪五十年代，即便是在今天，我都未必能有像他那么高的学术敏感性，所以他这点是非常了不起的。由此开始，从敦煌出发，他开始大量地将脚步向西北、西南蔓延，他的兴趣逐步从敦煌拓展到河西，到新疆，到青藏高原，藏传美术的调查研究也随着大的视野越来越向外面扩展。尤其值得一提的是，在1992年，他不顾自己67岁高龄，亲自到西藏去对吐蕃时期以来的最重要的美术遗存进行调查。大家可以想象，67岁的老人，不顾自己的身体状况，到西藏进行田野调查。那些最低的海拔也是3650米，那不要说更高的了。如果没有一种强烈的责任感，没有强烈的兴趣，以及对这个领域的专注和执着，是不可能有如此之行的，我记得是罗先生陪他去的。

简要地总结一下，金先生一生对藏传美术的研究从敦煌开始，从1955年开始，一直到2018年他离开我们，在此期间他留下了大量的财富。研究成果大致可以划分为两部分，第一个部分就是《中国美术全集》的编纂。之前，包括上午，很多老先生，还有罗先生、巫鸿先生也谈到了微观宏观的问题。我跟他读书的时候是在1991到1994年，他经常提到材料的重要性，尤其是第一手材料的重要性。而且刚才还有老先生提到，现在有很多的非传世的，也就是文物领域的材料，由于人为的、自然的原因消失得很快，藏传美术大多数属于这个范畴，传世的数量相对还是比较多的。那么怎么办？首先就是要花很大的力气去调查这些材料，发现这些材料，整理这些材料，把这些材料出版出来供后人研究，所以金先生自己对自己的总结让我非常地感动，就是中国美术的摆渡人，中国美术的垫脚石。这是他自己视频里面对自己的总结，我觉得他虽然很谦虚，但是也非常到位。这是他做的一项非常重要的工作。其中他编纂的《中国藏传佛教雕塑全集》，今天仍然是我们研究藏传佛教美术里面最重要的参考书之一。

另外一部分就是根据他感兴趣的点，他发表了很多文章，有些文章也是非常重要与非常有代表性的。简单举两个例子，一个是《西藏早期佛教艺术》，发表在中国出版的《中国与日本文化研究·第一集》上，还有一篇《古格王国的寺院壁画》，发表在《传统文化与现代化》上。另外还有一篇，刚才罗先生已经提到了，这也是一篇在敦煌学，甚至在藏传美术里也是划时代的文章，就是藏经洞发现100周年的文章《吐蕃佛教图像与敦煌的藏传绘画遗存》。这些成果有两个鲜明特点，第一个是首次通过对藏传美术重大遗存大规模的系统的整理研究，刻画出藏传美术形成与发展的基本历史脉络和特点。这些美术包括了现在耳熟能详的一些重要遗址，包括大昭寺等，我就不详细地念了。第二个也是最关键的是，他在充分利用汉藏文献基础上，运用艺术学、藏学、史学、考古学、图像学等交叉学科和理论的方法，不仅对每一处重要遗存的年代、题材、风格进行了分析，同时还对西藏本土与内地艺术交流和互动进行了深入探讨。从个案研究入手，由点成线，由线成面，从而逐渐清晰地勾连出藏传美术形成、演变的特点和规律。这是他一个非常重要的贡献，包括研究成果和一些方法论上的东西。

第二个贡献是在不少重要的个案研究中，他特别重视调查、文献以及题记。刚才我们也提到了。比如说我举一个例子，在藏传佛教寺院的壁画研究里边，有一个对扎塘寺壁画的研究。这个绘画非常精美，但是之前没有人提出来考察它的年代。金先生首次引用藏文文献《青史》的相关记载，结合《青史》文献，同时运用考古学、类型学、艺术学的方法，首次确定它的年代，而他的判断被学术界接受，成为这个扎塘寺断代的最重要的观点。至今我们都用的是金先生的这个年代论，这个考证非常地严密，也是非常地令人信服。另一个我就不再重复了，就是刚才罗先生举的，关于敦煌吐蕃图像的研究。这些研究的方法和成果，对藏传佛教研究的展开、深入奠定了最重要的基石。

回过头来，我开篇介绍了金先生对藏传美术的研究，其实它不单单在于藏传佛教有大量的美术遗存。这当然是很重要的，但更为重要的是，金先生在研究过程中深刻认识到藏传美术是中国美术不可或缺的重要组成部分。因此他的终极目标是要通过藏传美术的研究，来重建完整的中国美术史。我刚才已经提到过，我不是空穴来风，我依据的是很多人对他的采访，包括罗世平老师的，还有郑岩老师、李清泉老师，还有邱忠鸣等人的采访，以及他写的一些序言。因为他讲的很多，我随便举个例子，下边是原文。"我国是一个多民族的国家，各民族在发展融合的过程中，在文化上都曾做出伟大的贡献，这些文化积累熔铸成中华民族丰富多样的文化传统……西藏文化在发展过程中始终与内地有着密切的联系，同时又有其独特的历史与成就。藏传佛教艺术是我国佛教文化的重要组成部分，不了解这一部分，实际上也无法全面了解中国艺术的发展。"这是他曾经在 1996 年所说的一段话。2001 年他又重新说到，中国是多民族的国家，中国美术不仅仅是汉民族的美术，研究中国美术史就要研究各民族的美术，特别是藏族美术。2011 年他再次强调，中国美术史不仅仅是汉民族的美术史，中国是一个多民族的大家庭，因此中国的美术史也应该包括藏、蒙等民族的美术史。所以我们可以清楚地看见他的情怀和大志，他有对多元一体中国历史的深刻认识和强烈的责任感。

金维诺先生极大地拓展了传统的中国美术史的外延和内涵。除藏传美术外，他还将西域、西夏、辽金和蒙古族等少数民族与边疆美术也纳入了中国美术史的研究范畴，因为这都是中国美术史不可或缺的重要组成部分。从上个世纪六十年代以来，他为此付出了艰辛的努力，凭借其远见卓识和学术成就，改写了中国美术史的固有框架和内容。大家如果有兴趣的话，可以翻一翻二十世纪八十年代以前的中国美术史框架和内容，就会找到一个令人信服的点。

第三个贡献就是率先培养藏传美术的研究人才。鉴于藏传美术的丰富蕴藏和在中国美术史的地位，从二十世纪六十年代，金先生就开始招收本科生了。刚才有几位老先生还提到，1960 年、1961 年，他还招收了两个藏族学生。遗憾的是，随后就是"文革"，停招了。后来他从 1991 年开始招博士。令人欣喜的是，截至今天，他不少早期的学生已经毕业了，而且走上了相关教学科研的工作岗位，也开始带博士。那么应该说，在今天，整个中国从事藏传美术研究的队伍，应该在逐渐地成长，而其中一半执教和做研究的队伍出于金门之下。所以，如果没有金先生开创性的教学，便不可能带来我等晚辈。他不仅改变了我们的命运，也改变了整个中国美术史的命运，所以在这一点上他功劳非常的大，造福后代。

至于美术教育，之前罗先生已经提到，那我就不想重复了，包括他的方法，四个结合。我只想提一点，在学生的教育上，金先生特别重视民族语文和外语的培养。这一点我在 1991 年进入中央美术学院这个殿堂的时候感触尤深，包括在我之后的所有的人，我想在这一块受到的要求也是非常严的。

首先他要求在民族文字上，你不仅必须对你研究的对象所在的民族文字的载体有深入的掌握，还必须了解国外整个世界在这个领域的状况。除语文学以外，他要求从美术学、考古学、历史学、宗教学、图像学等多种学科的交叉的角度来审视、把握和理解藏传美术的研究。这个是一张 1997 年我蹭的考察照片，实际上跟我没有关系的，是央美在中国山西、河北一带做的为期一个月的调查。当时我已经毕业了，刚在北京工作。我是 1994 年毕业的，这个活动是 1996 年开展的。这里面除了金先生以外，我们在座的有好几位都在这个照片中出现。我非常有幸。大家也可以回忆一下这段美好的时光。

第四个贡献是学术报国。除了我刚才提到的，藏传佛教有丰富的蕴藏，同时是中国美术史不可缺少的一部分以外，金先生从事藏传佛教艺术研究，在上面花了如此大的力气，包括藏传、西域、蒙古、西夏，还有个很重要的、深层次的理由。其实刚才罗老师、刘先生已经提到了，他们没有展开，我在这个地方就稍微展开一下，那就是学术报国。从上个世纪六十年代开始，也除了个人的藏传佛教美术研究外，他开始带学生，所有这些努力都是为了这一个方向。最主要的目的就是要实现正本清源。此话

考察照片

怎讲？我刚才提到了，实际上西方的藏传美术研究比中国要早得多，十八世纪末就开始了。他们开始研究是两个目的：第一个目的是，从内地大量地以探险、考古、考察等等为名，掠夺了很多的文物，他们要拍卖，要进行这方面的研究，要估价，这是一个目的。另外一个目的是，从十九世纪以来，帝国主义侵略中国，西藏是重灾区之一，培植了不少的分裂主义势力，很多外国学者希望从中国的学术研究里边寻找相关的依据，为后来的所谓的"西藏独立"来寻找学术上的借口。金先生对这块有非常清楚的认识，他的重要目的，就是通过学术的研究来正本清源。

古藏文题记

我举个例子，也是引自他的。比如说1990年，他在论述中国美术的形成和交流关系时，就说佛教美术在中国有2000年的发展，不但具有各地的特色，并成为民族文化的重要组成部分，而且相邻各国在佛教艺术上虽曾接受中国影响，但也有各自的民族特色。然而，对于别有用心的人来说，在交流过程中，本土的创造也被认为是外来文化的翻版。中国新疆或甘肃的佛教艺术就曾被认为是犍陀罗的或秣菟罗的简单移植，而西藏本土形成的艺术样式也被说成外来的。在无法回避藏传艺术的特色时，也千方百计地要在西藏的前面加上附加词。"Indo-Tibetan art"，"Nepalese-Tibetan art"，或"Himalayan art"，这就是附加词。

藏文化圈和藏族的分布一样，不限于西藏地区，有相邻国家和其他地区的交错关系，也有国内不同省区的交错关系。但是这并不意味着要重新划分已经形成的政治区划，也不能歪曲藏文化的传统，把藏文化说成是外国文化的附属文化。西藏地区民族文化的形成，和全国多民族国家的形成一样是非常复杂的，但是不能以历史上的错综关系作为割裂中国和西藏的借口。这是他1996年表述过的，是可以查证的。2001年他接受采访的时候，再次表述了相同的观点。他说，国外对西藏的关心有各种目的，对西藏艺术的考察是掠夺性的，重要的艺术品如早期的唐卡和金铜佛像大部分被运走了，我们要建立自己的藏学体系，包括西藏艺术史的研究。佛教和佛教艺术都是直接或间接地来自印度的影响，不论是中国、朝鲜半岛、日本和东南亚，都是如此。谈到中国佛教艺术，日本佛教艺术，前面都不会特别加"印度"两个字，可是一谈到我国藏区的艺术，为什么总要写上"印度—西藏"呢！我认为这是别有用心的。我研究藏传美术，目的是要搞清楚这一地区佛教美术的发展问题，它们到底是外来的还是具有本土的发展体系，我们要探讨藏族艺术的高度成就、世代藏族艺术家的贡献。在2013年，他还有类似的表述。总而言之，他也知道，要正本清源，他一个人的能力是有限的，因此这也是他要招收大量的本科生、硕士生、博士生，一起共同来完成这一任务的原因之一吧。不受西方歪曲的结论干扰，而又能返璞归真是多么不容易，这需要我们连续不懈地艰苦努力，要用奉献精神来进行追寻。尽管如此，金先生一生仍然毅然决然地挑起了这一重任，并且为此付出了一生的心血。不仅如此，鉴于这项课题复杂，个人能力有限，他因此强调，我们需要更多学者，特别是民族学者共同参与和投资这项工作。对于金先生在藏传佛教美术上的贡献，我刚才勾勒出的一个大致轮廓，实际上是非常浅薄的。简单总结一下。金维诺先生怀着赤诚的报国之心，从中华民族多元一体国家的高度，率先开展藏传美术研究。他不仅勾勒出藏传美术的基本轮廓，填补了中国美术史的不足，在学术上具有重要的贡献，更为重要的是，他以学术报国，从美术史研究的一侧，客观、公正、科学地展示各地区人民在中华民族国家形成的过程中的贡献和相互之间水乳交融、密不可分的历史，融政治于学术之中，以维护国家统一，具有极强的现实意义。这一精神永远值得我们的学习。好，谢谢大家。

黄小峰：非常感谢熊文彬先生为我们做的精彩的演讲。刚才两位先生一个讲到了金维诺先生在汉传佛教美术研究方面的成就，另外一个讲到了金维诺先生在藏传佛教美术研究方面的成就，整个构成了金维诺先生在佛教艺术研究方面的成就。下午上半场的第三位发言人是张鹏教授，张鹏教授是中央美术学院学报《美术研究》的主编，张老师将会跟我们讲金先生在绘画史方面的成就，欢迎张老师。

金维诺先生在绘画史与鉴定研究领域的学术成就

中央美术学院 张鹏

张鹏： 各位老师，各位同学，大家下午好。我们知道，美术史作为中国的一个现代学科，它其实是随着西学的引进和新文化运动的兴起而出现的。二十世纪以来，对中国美术史的研究逐渐成为世界性的学问，成为作为人文学科的一个美术史学的重要的分支。今天上午，范院长、薛先生，以及刚才的罗老师，对于金先生都做了非常全面的介绍。

金先生是中国几代美术史学者的引路人，同时他也长期兼任中央美术学院学报两刊——《美术研究》《世界美术》的负责人和领导工作，关注学报两刊的学术发展。

张鹏教授

2015 年，中央美术学院成立了"丝绸之路艺术研究协同创新中心"，金先生应邀亲临成立大会，他在主题发言中深切关注学术脉络的传承。金先生重视传统美术，更重视美术传统中孕育的民族文化精神的内在灵魂，以及对传统文化精神和艺术精神的弘扬，并借他山之石，阐发古代传统，呈现了真知灼见。在具体的教学研究工作中，金先生重视理论研究和当代美术创作、当代美术运动实践相结合，把教学和研究置于一个浓厚而且活跃敏感的当代艺术活动的氛围中，所以他一方面反映了老一代美术史家的学术经验，一方面也由此形成了当代治史特色。

从绘画史和书画鉴定这个角度，我们知道金先生的学术贡献之一就是书画鉴考的研究和高校鉴定专业的首创。金先生主持中央美术学院美术史系的教学时非常重视书画鉴定。我在撰写这篇文章的时候，得到了薛永年先生的很多指导。薛先生也说过，上世纪六十年代金先生为美术史系安排了书画鉴定课，上世纪八十年代他也请专家开设书画鉴定课程，与杨仁恺先生合作培养研究生。到二十世纪九十年代的时候，金先生提出，要进一步拓展美术史系的人才培养方向，要建立书画鉴定专业。所以他和薛永年先生共同为发展中央美术学院的书画鉴定学科出力，反复和国家文物局沟通联系，确定了合作办学的这样一种办学方式，连办两届书画鉴定研究生班，形成鉴定、鉴藏学术研究方向。之后也请专家建立了馆校合作开设课程的模式，金先生也亲自参加教学以及研究生的论文指导。

在美术史研究上，金先生潜心探讨绘画史的学术传统，而又注意吸收当代美术考古、金石学和相关学科的研究成果，把历史研究密切地与实地考察结合起来。所以他在文章中指出：对于美术史研究者来说，史的研究能否具有新的时代特点，在于是否能够不断吸收考古新成果。如果美术史不研究这些，就放弃了取得进一步成果的机会。正像刚才罗老师所特别提出的，金先生要求注意美术学科的对象特殊性，要结合美术文献学和考古发现来相互印证，在充足的史学基础上深入理论阐释，注重对画史发展的整体性、贯通性的认识，以此来探索古代美术发展的历程和规律。

就绘画史和书画鉴定这个方面来谈金先生的研究，可以发现金先生是从人文学者和美术史家的角度来探讨美术发展的来龙去脉。他既注重鉴定中的真伪，更在乎其深层的内涵。他在注重直觉和经验的传统鉴定中，不断发展出讲求学理和具有有效的综合性方法的专门学问，自觉地寻求有利于借古鉴今地发展中国文化和美术的启示，从而为建设全面的学科体系积极探索。金先生和老一代学者共同将书画鉴定逐步建设成了一门讲学问、讲理性认识的学问，并且把它作为美术史的一个分支，把它看成美术史的基础学科。金先生自己在学术研究的纵向上致力于前后贯通的美术史，他有多篇论文和著述，从史前到后期绘画史无不涉猎。我们知道，实际上从二十世纪以来中国美术史研究中反复遇到的大量问题，包括史与论、文献与实物、传记与风格、实证与观念、宏观与微观、自律与他律、视觉与文化、史实重建与理论阐释、学术自足与经世致用等，所有这些都面临着既来自传统又来自西方的挑战。而成功的经验恰恰在于超越传统却不断裂，学习西方又不自失特点。从经世致用出发，需要注意学术自足，讲求艺术史作为人文学科的特性，却不能忽视其视觉特点。

从二十世纪六十年代到八十年代，金先生开展了有关晋唐及前后的一些重要的画家、艺术家、名家画记的专题研究考证，研究对象包括魏晋南北朝的顾、曹、张、杨、戴氏兄弟，唐代的李思训、阎氏兄弟、尉迟乙僧、周昉、张萱、程修己，宋代的李公麟、张择端等等画家，以及《职贡图》《历代帝王图》《步辇图》《纨扇仕女图》《八公图》等等画迹，他对其时代归属和作者归属作出了进一步的确定和研究。

自二十世纪八十年代以来，金先生赴海内外观摩研究了大量的古代绘画真品，逐步将对单件作品的研究扩展为对画种、画派风格流变和时代艺术风貌的专题研究。这些个案研究的对象大多是此前已有定见的一些作品。金先生的研究和探讨先从画风、画法入手，再通过作品的鉴藏流传线索和相关文献、考古出土遗迹相互印证，从基础资料的整理中提出问题，并将其置于一个较为宽阔的宏观的历史背景中，通过辨析过程得出答案，进而归纳出理论见解。金先生理清了部分唐宋时期的绘画作品的作者、名署、真伪、流传等问题，最终还作品以本来的面目，对绘画史的发展作出了系统性的、综合的阐释，推动了传统书画鉴定的现代发展。

金先生多年积累的深厚的文史功底以及艺术创作实践的修养训练，造就了他在美术史研究中既注重社会历史文化对美术发展的影响，同时也注重艺术形式风格发展演变的自律性，以联系、发展的眼光看待美术现象及其在解读中被赋予的意义。他提倡美术史的研究既要站在文化史的高度，重视宏观整体的美术史，又要在具体研究中把握作品自身的特性；要注意体味，要注重对作品的感悟、理解、鉴赏，深掘风格历变的内在根据和动力，把时代风格、个人风格作为比较中验真辨伪的依据和关键所在。同时，正像刚才诸位先生所说，他又以考古新发现带动美术史研究，引发了对考古资料的重视和对书画鉴定理论方法的探讨，走在学术的前沿，产生了重要的学术影响。

金先生有关传世卷轴画的个案研究，不盲从传统定见，而是深入研究，提出持之有据的新见。我们仅举几例。一个是《"职贡图"的时代与作者》。《职贡图》原作长期传为初唐阎立德所绘，金先生推定原作是梁大同六年前后梁元帝萧绎作品，今存是宋代比较忠实的摹本。其一，他目鉴画面呈现的基本风格与技巧，认为此作较初唐作品风格朴拙，但存在一定的继承关系，判断应早于初唐或为南北朝晚期作品。其二，他举述画面 12 位使者的简短题记，探赜索隐、查证文献，指出《职贡图》画题所记国名未见于《隋书》《唐书》《周书》《宋书》《南齐书》等，却契合于《梁书·诸夷传》记载，甚而更为翔实，推断底本或为南梁时期作品。其三，他将题记等内容与《梁书》记载相印证，判断《职贡图》或作于梁武帝普通、大同年间或者稍后。其四，绘画史籍记载梁元帝萧绎和稍晚的江僧宝均画过《职贡图》题材作品，但就《历代名画记》记载，排除江僧宝所画的可能性。其五，金先生据《艺文类聚》卷五十五所载，提出此画或是萧绎绘于大同六年前后。其六，他再援引《石渠宝笈》所记原画题赞和《艺文类聚》卷七十四所引《职贡图》题赞，进一步从内容到形式上印证了现存《职贡图》是梁元帝萧绎作品。其七，他根据避讳判断，现存本为宋代摹本。以往绘画史中的梁元帝萧绎无绘画真迹作品流传，更缺乏个人风格认定的条件，而金先生综合了题材、史书、画史、著录、题跋等多种画外依据予以考证。同时，金先生也将这种鉴定与考证结合的方法运用于此后多项个案和专题研究，由此探索出了一套适用于书画鉴定的可行方法，为美术史系在二十世纪九十年代建立书画鉴定专业奠定了基础。

再举一例，《曹家样与杨子华风格》。此文也是金先生绘画史研究中的代表作之一。源于历代文献记载不足，有关北齐绘画面貌不详，杨子华也没有作品传世。美国波士顿美术馆藏《北齐校书图》，虽署名杨子华，但因没有定论而存疑。因此，揭示北齐尤其是当时画坛代表人物杨子华的绘画面貌，在美术史的研究上具有非常重要的意义。北齐东安王娄叡墓壁画的发现，为探索杨子华画风打开了突破口，有助于解决某些传世品的真伪，同时为探讨魏晋至隋唐绘画发展的中间环节提供了图像资料。文章着重在考古新材料、流传书画作品以及文献相结合的基础上研究绘画史上的现象，由此关涉作品本身的辨伪和研究，廓清了不同流派和代表性作品，打破了考古出土物和传世品在学术意义上的界限，扩展了获取研究资料和使用资料的视野，有效地利用考古成果印证画史疑案，把业经考古调查和考古发掘的非传世甚至非卷轴形态的绘画品作为认识书画风格时代性的基础，为形成对时代风格、个人风格具体的视觉把握作出了开拓性的贡献。持续的、大量的出土材料成为美术史研究扩展和深化的一个重要的源泉，有助于判定一种风格的时空范畴，作为了解古代文化、宗教和艺术的实证意义也日益凸显，中国美术史的知识系统随之不断更新。应该说，这一局面的实现和金先生的高瞻远瞩以及早期奠基性的研究密不可分。

运用这种鉴定与考证结合方法的其他个案研究，还有今藏美国波士顿美术馆的《历代帝王图》，传为初唐阎立本所作。金先生依据画史和画中形象的处理以及题记中的矛盾，推断应为初唐画家郎余令所作的《自古帝王图》，现存作品为宋嘉祐初年的摹本。二十世纪八十年代，金先生出访波士顿时查看了原件，又发现此画在近世被盗出国外时曾被补绘填彩。金先生论述尉迟乙僧，将关于唐代的多种文献，包括《历代名画记》《唐朝名画录》《新唐书》《长安志》《酉阳杂俎》及唐诗等的记载，和敦煌220窟贞观年间的西方净土变、克孜尔石窟的降魔变、西安大雁塔石刻门楣相互印证，清晰地论证了尉迟乙僧"屈铁盘丝"的风格面貌。金先生以画史著录和唐代墓室壁画风格相印证，阐述《纨扇仕女图》或为周昉作品。金先生还从传为陈闳所作的《八公图》肖像内容，识别出实为北魏名臣图的摹本。金先生在以大观小、小中见大的学术研究和实践中，切实把握书画史全貌，网罗要义。

另外，金先生还特别重视绘画和文学戏曲的关联。我们可以举两个例子。一个是金先生有关《祇园记图》变相和变文的系列文章。刚才罗老师已经做了介绍。首先他发现敦煌壁画上以变文为榜题的一例，从壁画上辑录变文疑义。其次他发现唐宋《祇园记图》壁画榜题文字内容不是佛经，而是俗讲的变文，是民间说唱的艺术文本。他撰写了《〈祇园记图〉与变文》等。罗老师刚才引用说是将变文、变相进行交叉的研究，将石室遗书与石窟艺术进行综合的、立体的研究，这在整个敦煌学发展史上标志了新的突破与成熟化、高级化，自此以后，敦煌学中原为相对独立进行的文书研究和艺术研究开始建立起了密切的联系。再有，金先生认为（他曾经在二十世纪六十年代给薛永年先生他们上课的时候提到）：敦煌石窟不仅是个大画廊，还是文化交流与开展文化活动的场所，以及民间讲唱文学的兴盛地。他将敦煌艺术的研究置于一个文化的立体范围和彼时彼地的地域范围，于时代历史语境中考察具体的绘画艺术的发展。

我们再来看一例，是金先生对《搜山图》的研究。他梳理了海内外所藏《搜山图》，包括藏在美国等地的《搜山图》的流传文物，把它置于宋元明时期的图式系列中去考察，和画史、方志、元曲、明代诗歌做联系比较，爬梳《搜山图》在明清以后的演变发展和研究中的得失，讨论了民俗文学中的形象转换为绘画形象时刻画事情的生动和深刻。特别值得一提的是，金先生以《搜山图》中跋引提及涿郡画家高益到开封献画，和同时期辽代契丹画家耶律题子奉使于汉相联系，发现不同地区与政权下，画家在题材内容、艺术表现、创作兴趣中表现出了相同之处，由此讨论艺术上的相互促进、阐发与现实生活的关系，以及不同艺术样式版本的流传、承传变异和渊源关系。

金先生有关维摩题材的研究，勾连了敦煌壁画和流传海内外的卷轴画，揭示了宋金时期绘画的发展和艺术的传播互动关系。2015年，金先生撰写的《史籍载辽金时期美术》发表在中央美术学院学报《美术研究》上，这正是他多年的思考和资料爬梳的成果。古代边疆民族与汉民族长期共存，在交流和互动中建立起来的文化才是中国文化的整体面貌，这也正反映了金先生在学术发展和学科格局上的整体筹划，他在相关领域中不断培养人才，形成有益持续的学术梯队。

另外，金石证史助力画家、画派、画师专题研究，是传统的文献学研究方法的一个重要组成部分，也构成了金先生绘画史和鉴定的治学方法的一个方面。比较著名的是金先生根据程修己墓志校正《唐朝名画录》的一篇文章，是金石证史的典范之作，也是他以考古成果检讨传世画史文献的代表。这篇文章利用陕西碑林藏的墓志对晚唐宫廷画家程修己的籍贯、生年、行移、家世、品评的记载，修正了朱景玄在《唐朝名画录》中对程家三世张冠李戴的错讹，以及《金石续编》这样一些著录的脱误，相关记载有助于廓清中晚唐周昉画派的面貌与成就，为学界以石刻碑铭丰富绘画史籍提供了经验和研究路径。

2000年，金先生撰写了《书画鉴定与考古发现》，系统梳理了考古发现与书画鉴定的内在联系，既有宏观整体的绘画史的全局观，也有绘画现象的具体讨论，既有纵向上的渊源脉络的发展历程的梳理，也有横向上对艺术题材内容、本体语言的丰富转化和多样性探讨的兼容并蓄。金先生一贯关注最新学术动态，保持学术敏感，将长期思考的问题和新发现联系起来，以具体的比较参证在书画鉴定和画史文献里不断有新的收获、新的成果，给传统的书画鉴定学和文献学引入了现代的学术方法和时代气息。另外，我们在金先生一系列有关时代美术创作和理论探讨的文章中，包括在他的一些古代美术史的论著中，也可以见出现实的针对性。像《丰富的想象、卓越的创造——论敦煌莫高窟壁画的成就》，是敦煌学领域第一篇从美术史角度全面分析评介敦煌壁画的理论性文章。《现象与本质，现实与想象》，是实事求是地分析了作品呈现的矛盾，从矛盾中探索中国艺术发展的特殊规律。

金先生特别重视史论结合，通过对零碎的、散乱的古代艺术现象的梳理分析，以求科学地把握中国古代美术的起源、动力、题材、内容和形式风格演变的规律性。所以他主张，史的研究只有上升到论的高度，才会具有普遍意义。所以美术史的研究最终目的是要探寻人类艺术发展的客观规律，从而推动人类艺术向前发展。以史带论，史论结合，这种中国美术史研究的优良传统在金先生身上得到了充分体现，也由此给美术史学科的教学和研究带来深远影响。二十世纪八十年代，金先生出版《中国美术史论集》一书，坚持理论联系实际、历史与逻辑的统一和实事求是的学风，做出了经得起历史考验的建树，在海内外产生了重大的影响，也彰显了中国学术传统的主体强大和中国学者的学术自信。

今天金先生对美术史学科的开创性的贡献，既体现在他贯通古今、整合东西、融汇不同学科的大视野，有助于廓清中国美术史论由传统走向现代的缘起和来龙去脉，也体现在他以一篇篇具体的研究示范后学。所以认真学习体悟金先生的学术成就，细致整理金先生的学术研究成果，追寻这些美术史知识如何在金先生的笔下逐渐成型，也是追忆美术史学科在中国成长起来的点点轨迹。

汇报完毕，谢谢大家。

黄小峰：谢谢三位老师的发言，下午的上半场就结束了，请各位移步到大厅，有半个小时的时间，大家休息一下，然后回来还有下半场。

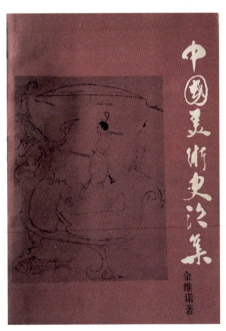

金先生《中国美术史论集》书影

第二场

黄小峰：好，欢迎大家回来，我们接下来是今天下午的第二场，还有两位学者，分别就金维诺先生学术成就的两个方面来发言。我们先有请第一位，邵军教授。我有幸和邵军教授做过同学，我读硕士时，邵老师都快博士毕业。邵军老师一直从事中国美术典籍画论方面的研究，在这方面做得很深。所以他接下来要跟我们报告一下，金维诺先生在这一方面的相关的学术成就。我们欢迎邵军教授。

金维诺先生中国绘画史籍及相关研究的主要成就

中国传媒大学 邵军

邵军：各位先生、老师们、同学们，大家下午好。我是金维诺先生 2001 年招收的博士生，跟着金先生做了有关于书画史籍、画论、书论这方面的研究。今天非常感谢会议组织者的信任，使我有机会来这里发言。会议的组织方来委托我，就金维诺先生在中国美术史籍以及相关的研究领域，包括美术文献、书画理论等方面的学术成就和贡献，进行一个简单的报告，请各位批评指正。

我要讲三点。第一个是金维诺先生绘画史籍有关研究的主要成果，第二个是金维诺先生在中国绘画史籍方面研究的主要学术贡献，第三个是金维诺先生中国绘画史籍有关研究的一些学术特色。

第一点先讲金维诺先生绘画史籍有关研究的主要成果。金先生在上世纪的六七十年代进行敦煌美术、卷轴画、墓葬美术等方面研究的同时，深感有关的美术史籍、画学著述对于研究上述领域的重要学术价值和意义。因此他非常重视对有关的美术文献加以收集、整理，充分地利用这些文献。按照他给我讲的就是，他在二十世纪五十年代去琉璃厂淘书，把古籍这一块的东西比较系统地进行了收集和整理。对于有些看不到的文献，或者极其珍稀的那种文献，他就直接动手抄。

我因为帮金先生从王府井搬家到马坡花园去，帮他整理东西，就看到过他抄的那

邵军教授

些材料。当时看到的文献，让我印象比较深的，有两三种。包括唐代朱景玄的《唐朝名画录》，元代费著的《成都志》《蜀名画记》。虽然都不全，大概各有十来页。我猜这些应该是后来"文革"抄家以后还回来的材料，所以都不是很全。但是我看到用小楷——金先生特有的风格，一笔一笔抄的。真是认真，一丝不苟，可以说是非常令人感动。

上世纪七十年代的后期，他在收集、整理这些材料到一定的程度以后，就开始陆续地写成一批文章。对于这批文章，金先生最初的想法应该是准备完成一本专著，叫《中国绘画史籍概论》。后来从金先生自己的介绍，和一些其他地方的对金先生的介绍里面，都有金先生的《中国绘画史籍概论》这个著作，但是事实上我们现在知道，这些只是一系列的文章，并没有真正地结集出版。我在这里也提出来，我们人文学院是不是应该把这批文章组织起来，出一个单独的《中国绘画史籍概论》？这系列文章里面目前正式发表的，应该是 6 篇，这一组里头每一篇的篇幅差不多有几千到一万字，配上一点图，我觉得是完全可以出出来的。这是金先生很重要的一个方面的成果，所以我有这样一个想法。

我再介绍一下金先生在这些领域发表的一些重要的论文。他从 1979 年开始，陆陆续续地发了一系列的文章，比如说 1979 年发了《中国早期的绘画史籍》，后来又有《〈历代名画记〉与〈唐朝名画录〉》《北宋时期的绘画史籍》，还有《宋元续编的绘画通史》《宋元绘画收藏著录》。以及并没有在《美术研究》上发表，后来在《美术论集》上发表过的《有关寺院艺术的几部史籍》，而且这个文章后面还有一个后记，里面明确说这是摘自于金先生的著作《中国绘画史籍概论》。可见当初这些文章就是一个完整的体系，金先生就是要做《中国绘画史籍概论》的。除了《中国绘画史籍概论》这个领域的研究以外，他还做了一些文献古籍的研究。我现在收集到他有两个对于手抄本的研究：一个是《十百斋书画录》；一个是后来他发现的，按照他的考证是属于石涛亲笔所书的手抄本，实际上就是手抄的《画语录》，后来有刻本出现，称《画谱》，即后来所说的《清湘大涤子画法秘谈》。对这两个手抄本，他做了专门的纯文献学上的研究，等一下我来讲这方面的贡献。

第三个就是书法理论方面的研究，有一篇长文。后来我做博士论文也是受这个长文的影响。长文题为《唐代在书画理论上的继承与发展》，是应北京大学《唐研究》的邀请来写的，整理了他以前大量的笔记。这是金维诺先生在这个领域里面我们看到的有代表性的、比较突出的一些研究成果。下面我就金维诺先生在上面这些论文，或者是相关领域里面一些研究的重要贡献给大家做报告。

在《中国早期的绘画史籍》这篇文章中，金先生关注了顾恺之的《论画》与《魏晋胜流画赞》的名称与内容的对应问题。这个问题直到前几年还在美术界成为一个讨论的话题。我觉得金先生虽然只有几句话，但是在 1979 年的时候就把这个问题说得很清楚了，而今天的研究并没有超出这个范围。他这个结论是，《魏晋胜流画赞》里面关于摹写方法的那一段文字，实际上应该归在其另外一篇文字《论画》里面。这两篇是合在一起的一篇，就是《论画》。《魏晋胜流画赞》另有其文，但没有看到。虽然后来好多的学者来讨论这个问题，各种各样的说法，但我觉得金先生这个结论应该是非常有代表性的一个看法，在今天的学术界还是有影响的。

另外一个就是对于谢赫的《画品》的研究。我这里说的这些都是举要，并不是他对这个领域的全部研究。我们后来听罗世平老师讲史籍的课，听薛永年先生讲史籍的课，都讲到对谢赫《画品》的研究，也就是《古画品录》的第二品里面的顾骏之应该是顾景秀。谁最开始发现的？我找过来，发现实际上是金先生第一次发现了谢赫《画品》的第二品里面的"顾骏之"对应的文字内容实际上是顾景秀的。金先生确定我们后来看到的《画品》实际上并不是原著，而是后代的一个辑录本，确定了《画品》中间存在的一些问题。后来他又对"六法"的问题有一个很实事求是的评价，或者说评估。他认为"六法"问题不能够夸大到无所不包的艺术准则，应该结合当时的艺术思想和绘画发展，考察其原意，他提出这一看法时是在 1979 年。1984 年，我的硕士导师阮璞先生发表了《谢赫"六法"原义考》。我虽然没有什么依据，但是我看到这个中间好像有点关系。也就是说，金先生讲的思路和方向，好像跟后来阮先生发表的《谢赫"六法"原义考》方向是一致的，所以对这一点我特别加以留意。

另外一个就是金先生对于《历代名画记》之前的几种古籍文献的研究，比如说李嗣真的《画后品》。后面我也会讲到，金先生其实非常重视史籍中间包含的画学思想。对李嗣真的研究，金先生除了一般的材料研究以外，很重要的一个方面就是他认识到了李嗣真在《画后品》这个文献中提出了一系列的范畴，反映了初唐时期人们在艺术认识上的进步。因为大家知道，唐代的画学文献，最主要的是晚唐的《历代名画记》，前面那么长的时间是不清楚的。所以哪怕这中间的几个概念的清理，对于我们认识唐代初期的美术史发展应该是有重要意义的。

另外一点我特别要强调的就是，金先生对孙畅之的《述画记》进行了全面的研究，认为它开创了传记体绘画史的端绪。比如，它记顾恺之"画冠冕而亡面貌"，与谢赫《画品》中对顾恺之的评价应该说是可以相印证的。此外，它还记载了可以与北朝石窟及其他美术遗迹相互印证的大量的美术史信息，证实了北朝的书画理论、书画活动和它的水平。书中记载的南朝画家也反映了北朝文化接受了来自南朝文化的影响。包括我们后来看到他做青州佛像的研究，应该是受到文献的一定影响的。可以说孙畅之的《述画记》这个材料为学界补充了一份重要的关于北朝美术的文献，金先生是把它提到这个高度来认识它的，应该说这是对于这一段美术史在文献研究上面的一个巨大贡献。

另外就是有关于《画断》的研究。《画断》实际上是没有保存下来的，保存下来的只有《书断》。后来我在做唐代这一块的时候，也主要是按照金先生的思路来做，就是《书断》和《画断》要合起来做。《画断》没有了，《书断》还有，结合《书断》就可以认识到《画断》和《书断》一样是较丰富、较完善、颇有见地的著作。而且金先生提出了一个非常大胆的假设：《历代名画记》中大量的内容是否和之前的文献存在着巨大的联系？就是我标红的这句话：张彦远大量引用和改编了前代的著作而未加注明。金先生跟我讲过，他自己研究和认识《历代名画记》有两个阶段。第一个阶段就是他认为《历代名画记》是一个非常优秀的杰出的美术史著作，是通史性的著作，怎么强调它的重要性都不为过。后来他慢慢地体会到，《历代名画记》的编纂性质太明显了，这种编纂性又决定了很多东西恐怕并不是来自于它的独创、它的首创，它还是总结或者归纳的，或者从前人的文献中间直接征引过来的，所以他对《历代名画记》的认识，通过研究我们这里讲的《画断》，有一个修正和新的理解。这也就说到了他关于《历代名画记》和《唐朝名画录》这两部书的研究，具体的研究细节我就不在这里展开来说了，比如说他研究了"自然"论和后来的"逸"在概念上的相似性，并且提出了《历代名画记》在中国绘画史学的发展上具有划时代的重要意义，具有百科全书的性质，为后世提供了典范。金先生认为《唐朝名画录》"逸品"的设置与《历代名画记》推崇"自然"是一致的，认为其开创了我国绘画断代史的体例。

我这里要讲的是金先生是怎么认识这两部书的。他认为《历代名画记》是中国的第一部绘画通史，认为《唐朝名画录》是第一部断代绘画史，这就是将这两部书纳入到一种史学史的视野中来加以观照，在当时的美术史论界没有人这样提。所以后来金先生跟我讲《历代名画记》，他说："中央美术学院把它认为是绘画通史，是不是这样，我们再思考。"我就举这个例子，可见当时金先生的这个提法已经是有全国的影响，他是这种认识的首创者，影响非常深远。

后来他又做了对《益州名画录》《圣朝名画评》《图画见闻志》这几种北宋时期史籍的研究。《益州名画录》，顾名思义，它是一种地区性绘画史开创时期的代表，这是金先生的原话。而且金先生说它创造了以作者为经、以作品为纬的一个新的编写体例，并指出从该书中可以看到蜀地时期对西蜀影响最大的是吴家样和周家样。后来我在安岳看到一个水月观音造像，在毗卢洞，就想起了周家样的问题，想起了金先生在这个书里讲的这句话，他的这种论断实际上是先有一个美术史的大背景，贮藏于心以后，然后他才看到了文献中所揭示的意义。另外一个，《圣朝名画评》。他在这里花了很大的篇幅讲"六要""六长"，也可以看到他对这种理论的关注，认为它是"六法论"的解释和发挥，是对前代的发展。还有对《图画见闻志》的研究，一开始他就做了一个很细致的工作。我后来看到别人写的专书或者博士论文，重新来做《图画见闻志》的，一开始都在做这个工作。是什么呢？由于《图画见闻志》是征引前代的书，它在前面就列了一个书目。但是金先生知道这个书目是不全的，所以他就给它增补了，又列出了好多，并进行了进一步的查对，补上了很多《图画见闻志》所征引过的前代书。而且，有关该书对少数民族地区绘画状况的记载，对于壁画、版画等方面的记载，虽然这个时候金先生还没有开始西藏、新疆美术史的研究，他并没有那么大的精力投入进去，可是他在读文献、研究文献的时候，就已经注意到这个问题了。所以很多后来的研究，恐怕也跟他做文献研究的时候，已经贮存于心的那样一种目标、那样一种方向、那样一种思维，都是有关系的。

另外就是他后来做的《画继》和《续画记》的研究。对于《画继》，他做了全面的研究。金先生对它在体例上的创新，对画院情况的记载、流派与发展、文人画思潮，都有一个比较全面的论述和阐释。他又指出，《续画记》的原文保留在《图绘宝鉴》的卷四之中，这个我觉得是一个很重要的研究论断。《续画记》是陈德辉的著作，这个书本来是没有了的，是散佚了的，可是金先生通过仔细的比对，认为它跟《图绘宝鉴》中间卷四的部分内容是重合的，所以他确定了这个《图绘宝鉴》卷四中的部分内容应该就是《续画记》。而《续画记》里大量保留了对于南宋绘画的记载，特别是对于南宋绘画比较正面的、积极的评价，这对于后来人们做南宋绘画也是有突出贡献的，金先生发掘了这样一个资料。

另外一个就是《宣和画谱》的研究。好多老一代美术史家，都去谈《宣和画谱》，从各种角度都谈过。金先生谈《宣和画谱》，几个重要的关于《宣和画谱》的学术问题，他都谈到了，而且都有自己的结论。第一是关于该书的作者，金先生说得很明确，他就主张该书是集体编纂的这个思想，认为该书是宫廷组织下，集中人力集体编撰的。第二是关于这个书的性质，金先生认为它是有作品根据的传记体绘画通史，也是一部记录宫廷藏画的著录。它有两个性质，一个它是绘画史，带有绘画史性质，一个它带有著录性质。今天研究《宣和画谱》的人，大多数只看到著录的那个特性，没有看到它实际上还是一个传记性的绘画通史，因为保留着画家的传记，具备绘画史的性质。第三他研究《宣和画谱》，确定了《宣和画谱》的编写目的，从作品出发，通过对画家的介绍来说明艺术的时代风貌，是有目的、有选择的，并分析了其中的史论成就。他对《宣和画谱》的研究，在今天来说，我觉得还是具有一定的代表性。另外，他对于高宗时期的《思陵书画记》，对于米芾的《画史》也有一些看法。他明确地讲，米芾的《画史》更重要的是鉴识方面的经验和价值，书画鉴定方面的研究是不够的。1979年、1980年前后，他仍然有在系统地整理宋代画史文献，后来也有一些学生的硕博士论文进行了研究。

此外，金先生还做了有关于寺院艺术史籍的研究。这个部分他主要是分析了这么几种书，包括《洛阳伽蓝记》《大唐京寺录》《金陵寺塔记》《成都古寺名笔记》，他对这四部书进行了比较详细的研究。金先生也征引了一部分，认为它们揭示了其对于寺院艺术、宗教美术研究的重要意义和价值，又结合考古发现，确认那些史籍所记载的遗迹和现存的遗迹存在相互印证的关系，可以说为宗教美术、寺院艺术的研究做出了突出贡献。

另外我讲他对两个手抄古籍的研究。一个是《十百斋书画录》的研究。《十百斋书画录》一直被认为有两个手抄本传世，一个是福开森曾经用过的这一本，后来应该是流传到了故宫，还有一本应该是在国家图书馆。我猜测，金先生应该是二十世纪七十年代在故宫研究书画的时候，见过故宫的这个抄本，然后他对它进行了考证，尤其是考证出了该书的作者为清歙县人金瑗，并对书中的内容和价值进行了简单的研究。这个文章不长，但这个考证是第一次对《十百斋书画录》进行的一个根本性的研究。十几年后，1995 年，王世清先生研究了《十百斋书画录》，对这两个手抄本进行了仔细的比对研究，他考证的结果跟金先生是一样的，他也确认了金瑗是这个书的作者，而且他的叔父叫金榜，这些都是金先生当时在很简单的两页文章里面所提出来和确认的。2001 年，海南出版社出了个影印本，是从故宫本影印的。1996 年，上海书画出版社出了《中国书画全书》，里面收了一个刻本，这个刻本我到现在为止没搞清楚是哪里来的，书中的说明里面说是康熙年间的，这个金瑗都不是康熙年间的人，又说作者也不可考，刻者也不可考，就不知道这个依据是怎么来的，也不知道他们见过金先生的文章没有。

还有就是金先生对《清湘大涤子画法秘谈》这样一个近年来发现的手抄本进行的研究。这个手抄本出现以后，金先生很快就把它和二十世纪六十年代上海出的一个木刻本《画谱》进行了比较。这个原文是手写本，又进行了木刻。金先生研究认为，《画谱》这个木刻本，和现在看到的这个手抄本，是一个人所书，而且结合《石涛画语录》进行了互勘，进行了一个很细致的校勘，确认了木刻本《画谱》系源学堂所刻，非大涤堂本，而且确认了这两种都是石涛的手写本，为石涛及其《画语录》的研究补充了新的材料。对于这个问题还可以做一些研究。

最后还有金先生对唐代书画理论的研究。早年间，金先生对于《历代名画记》倾注心血，后来他又慢慢地感觉到《历代名画记》的局限性，以及其所受到书法文献的深重影响。为此，他重新去阅读了大量的书法文献。我跟他做博士论文的时候，就是拿着他读书法文献的一些材料，重新去读的。我就受了大苦了，因为我不太愿意读，但后来所有的古书，特别是古代书法文献，全部都要认真地弄一遍，于是就跟着他做这个东西了。此后先生从书、画两个方面重新认识了书画在唐代的发展和变化，某种程度上对《历代名画记》的理论贡献进行了重新的认识，这对我们认识唐代在书画创作和理论方面的发展应该还是有重要的价值的。

最后，按说学生不应该评价老师，我也说一说金先生在这个领域研究上面的特色，这是我的一些体会，权且用了这么个题目，我觉得有几点想跟大家分享。第一个就是金先生的研究，他的全局性、整体性非常强。我敢这样讲，是因为《中国绘画史籍概论》是目前为止我们现代学者所做的第一部有关于中国绘画史学的论纲。今年全国社科基金艺术学重大项目的招标项目，就是这个题目，我不知道是谁出的，显然金先生是第一个做这个事的人，后面大多数的研究都没有超出金先生在这六篇文章中间的论断。

第二个，具有很强的实践性。这个实践性包括两方面，一个就是非常重视美术史发展和文献本身之间的这种互相映照的关系，有些很新鲜的出土材料刚刚出现的时候，金先生他就能敏感地意识到，它跟文献中的一些记载能对应上。比如说成都南梁造像出土的时候，他就讲到与文献中"张僧繇画人物面短而艳"的记载相关。这个论述体现出他从对书画文献的那样一种深切的理解出发，然后和实物进行对照，把文献和美术史进行结合，重视文献与实物的结合研究。有些人直接拿了图片就开始研究，然后自己给自己设计一套方法来进行研究，金先生是不主张这样的。

第三个，我要讲的就是，金先生的研究并不是纯粹的史学或者材料学、史料学研究，他对于文献的研究，也不是纯粹从史料角度出发的，他主要是看到了古代画论和绘画既需要区别又密切联系的这种关系。他这个思想一开始就写在他《中国早期的绘画史籍》那篇文章的序言里头。所以如果大家愿意读的话，一开始就可以读出来。金先生认为，很多绘画史籍的价值恰恰就表现在它提出了一些重要的画论概念，这些概念是引导认识绘画发展的很重要的切入点、敲门砖，所以绘画史籍的发展必然会反映一定时代绘画思想的发展，画论也是研究美术创作的重要依据。先生对史籍的研究，绝不仅仅是简单的文献学考察，他也非常看重著作中相应的画史概念、审美范畴和绘画理论的重要作用。他在实际研究中，对每一部具体文献的研究都没有放过这一方面。

另外，我想说一下先生的学术敏感性。他对于很多文献中间细枝末节的、容易被人忽视的东西，他能够全面地掌握，这主要还是由于他的一种学术敏感吧。对于我们平时读书一下子就读过去的地方，他能抓住关键，发掘其中重要的史料信息。他非常重视书法在绘画发展过程中重要的引领作用，强调书法文献与绘画史籍的整体性。他这类的研究也关注到了书法与绘画的相互关系。印象特别深刻的，就是我后来跟金先生上学的时候，他不断地跟我强调书法，说书法跑在前面，所有的一切先看书法再看绘画，你会有收获。

我也是抛砖引玉，谈自己的一点理解，跟大家分享。

最后我说几句，金先生的绘画史籍及美术文献学方面的研究显示，他具有中国传统学者所具有的扎实功底，还可以见出他能从实践出发，从美术史研究实际出发，对于文献的解读更是具有开阔的思维和眼光，这是我们今天来思考中国美术史研究的中国学派、中国特色时，必须要加以高度关注的。我就说到这里，谢谢大家。

黄小峰： 谢谢邵军教授。我们有请第五位发言人，是我们都很熟悉的贺西林教授。贺老师将会就金先生在美术考古方面的成就给我们做一个大致的介绍，欢迎贺老师。

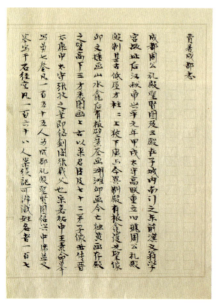

金先生手抄元代费著《成都志》

金先生手抄元代费著《蜀名画记》

金维诺先生在美术考古研究领域的学术成就

中央美术学院　贺西林

贺西林： 各位老师、各位同学下午好。还剩下一点时间。今天上午各位老先生已经对金先生的学识、人品等各方面做了非常全面的介绍。下午，前面几位同志对金先生的在不同领域的学术成就，也做了比较翔实的介绍。这几年也有一些对金先生的学术思想、治学方法、学术成就以及学术贡献，包括教书育人，有一些综合的文章，大家也可以去参考。比如说李松涛先生曾经就写过一篇叫《学术摆渡人》的文章，比较全面地介绍了金先生各个方面的成就。此外薛永年教授，也在《中国美术报》上发表过一篇文章。再有就是罗世平教授也写过一篇专门的文章。我是很多年前也写过一篇。此外还有两个访谈，一个是郑岩教授和李清泉教授在《艺术史研究》上发表的，对金

贺西林教授

先生的一个比较全面的访谈，再一个好像是邱忠鸣教授也做过一个访谈。我想这些也是大家去了解金先生各方面成就和贡献的重要的材料。下面我就金先生在美术考古研究领域的成就和贡献，做一些简要的介绍。因为这也是金维诺先生的美术史研究的一个很重要的方面，即对考古材料的重视。

二十世纪以来，美术文物的大量出土，为中国美术史研究提供了丰富的实证材料，为鉴别传世作品的真伪和时代归属提供了确凿依据。这些考古材料兼备审美和图像史料价值，极大丰富和拓展了中国美术史研究的内涵和外延，促使中国美术史格局面临重大的调整和修正。金维诺教授十分重视考古材料，他曾经在一个访谈中说，考古学、建筑史对美术史都有帮助，考古学的成果为美术史研究提供了重要材料，如果美术史不研究这些，就放弃了取得进一步成果的机会。这是他的原话。所以从二十世纪七十年代以后，金维诺先生陆续发表了关于新石器时代彩陶、长沙楚墓帛画、马王堆汉墓帛画、望都汉墓壁画、和林格尔汉墓壁画、吐鲁番唐墓绢画、秦始皇陵兵马俑雕塑、固原漆棺画、北齐娄叡墓壁画、青州龙兴寺窖藏造像等多项重要考古材料的研究文章。在具体研究中，他既注重宏观把握，也注重局部探微。在面对考古材料时，他不是孤立地看待这些考古材料，而是把考古材料放在美术史的大格局中，综合地审视。他特别强调考古材料与传世作品和文献的结合。他认为考古材料时代可靠，都是当时的原作，对于比照传世作品有重要的意义。

所以说，考古材料和方法的引入，开阔了中国美术史研究的视野，极大丰富和发展了美术史的学科特色，使金维诺先生对中国美术史相关议题的研究取得了突破性进展。比如说金先生的一篇文章，《曹家样与杨子华风格》一文，是结合考古新材料、传世作品、文献来研究美术史的一篇重要的代表作。有关北齐的绘画，在过去没有翔实确切的材料。《历代名画记》中有关杨子华的简略记载，也不足以让人们对北齐绘画有什么深刻的印象，不足以让我们对北齐绘画有一个全面的认识和准确的把握。再一个就是美国波士顿美术馆收藏的署名杨子华的《北齐校书图》，多年来也一直存疑。鉴于此，揭示北齐尤其是当时画坛代表人物杨子华的绘画风格，在美术史研究上具有非常重要的意义。北齐东安王娄叡墓壁画的发现，为金维诺先生探索杨子华的画风打开了一个突破口。有确切纪年的娄叡墓壁画，为世人认识北齐绘画的面貌提供了依据，有助于解决某些传世品的真伪和时代归属问题，同时为探讨魏晋至隋唐绘画发展的中间环节提供了重要的实证材料。《北齐校书图》是否出自北齐或杨子华之手，长期存在争论，有人认为是南宋的《毕良史翻经图》。金维诺先生首先从文献考证入手，他引用了宋代杨万里的《题毕少董翻经图》诗和宋代范成大的《题毕少董翻经图》诗，以及现存图卷上范氏的跋语，认为现存的《北齐校书图》与《毕少董翻经图》无关，原作当绘于北齐。为了进一步说明问题，金维诺先生把此图与娄叡墓壁画作了比对，认为作为宋代摹本的《北齐校书图》，虽设色用笔上略有宋代的影响，但从人物造型、服饰、鞍马看，均与娄叡墓壁画无二致。娄叡墓壁画与杨子华为同一时期。他以《北齐校书图》、娄叡墓壁画、《历代名画记·杨子华传》相互比较印证，认为娄叡墓壁画的风格在一定程度上体现了杨子华的风格，而杨子华的风格又代表了北齐绘画的一种时代的风格。

金维诺先生讨论唐代绘画不仅使用文献和传世画作，还注意联系石窟、墓室壁画以及建筑和碑刻装饰。比如他讨论初唐画家尉迟乙僧，就把《历代名画记》《唐朝名画录》《旧唐书·于阗传》等文献记载，与莫高窟220窟初唐的西方净土变、慈恩寺塔门楣石刻及西安碑林《大智禅师碑》碑侧的装饰、《道因法师碑》碑座的画像相互印证参照，进而说明尉迟乙僧绘画"屈铁盘丝"的风格特征。他谈到《纨扇仕女图》，依据著录、唐墓壁画相互印证，认为《纨扇仕女图》基本可认定为周昉的作品。他的理据是，首先这幅作品有著录依据，再就是它和唐墓壁画的风格对得上，年代没问题。

二十世纪九十年代山东青州龙兴寺窖藏佛教造像出土后，金维诺先生随后撰写了《简论青州出土造像的艺术风范》，还有《南梁与北齐造像的成就与影响》等长篇论文。在谈到北齐造像与曹家样的关系时，他认为"曹衣出水"关键是"出水"二字，青州造像那种衣服紧贴身体的风格正是曹家样的典型特征。曹仲达是北齐画家，但史书上谈到他的师承时，都涉及南朝画家。所以曹家样不一定是从西北来的，也可能经过南朝再来北方。曹仲达的师承说明他接受了南朝齐梁画风的影响。通过青州龙兴寺

《北齐校书图》

造像的研究，进一步丰富和完善了他对中国佛教造像样式与风格的宏观思考和整体认识。2002 年，他出版了《中国古代佛雕——佛造像样式与风格》这本专著。

金维诺教授非常重视与考古学关系密切的金石学材料。金石证史是传统文献学的研究方法，也见于金维诺先生的治学中。对于早期艺术史研究而言，在原作几乎不存在而画史、画传资料又非常简略的情况下，金石文字的发现为了解当时画家的生平、创作艺术面貌、成就，都起到了极其重要的作用。金维诺先生在治学中特别注意到这点。他对晚唐周昉画派——周家样传人程修己的研究，就是一篇典型的金石证史的美术史论文。金维诺先生通过对程修己墓志的研究，校正了文献《唐朝名画录》中的讹误。因为《唐朝名画录》记载说"程修己，其先冀州人。祖大历中任越州医博士，父伯仪少有文学，时周昉任越州长史，遂令修己师事。凡二十年中，师其画至六十"，而墓志记载很明确，医博士为修己的父亲，而非祖父。其父不仅善医，而且善画。墓志记载修己生于贞元二十年（公元 804 年），而周昉谢世于贞元年间。从年龄上看，程修己直接师从周昉学画是不可能的。从《唐朝名画录》中的另外一段记载"能品中，……程伯仪，并师周昉，尽造其妙，冠于当时"，可知直接师从周昉的是修己父伯仪而非修己本人，伯仪只是让修己学周昉的画，并亲自口授，"以传其妙诀"。金维诺先生通过对程修己墓志的研究，纠正了史书中的讹误，对了解画家程修己本人，及整个中晚唐周昉画派的面貌，都提供了极其重要的材料。

金维诺先生关注最新学术动态，关注美术考古新发现，始终保持着一种学术的敏感。在半个多世纪的学术生涯中，先生继承、丰富和发展了传统的中国美术史研究方法，并在实践中不断地开拓和创新。因为金先生在研究美术考古材料的时候，也是跟他的整个的中国美术史研究的理念是一致的。他强调一种大的美术史，强调要站在文化史的高度来讨论美术史，这是他的一个很重要的学术主张和理念。但同时他又强调对一些艺术本身、艺术作品本身，要深刻地认识和体悟：我们要有眼力，要有鉴赏力，要有判断力；要知道什么是好的，什么是不好的。他对艺术本体也非常关注，既关注这种宏观的外向，又同时关注艺术本体。

除了个人的学术研究外，金维诺先生长期担任《中国美术全集》《中国美术分类全集》等多种大型图录和丛书编委会的委员，主编了不少涉及美术考古的卷册，为美术考古图书的编辑出版也做出了重要贡献。另外，金维诺先生对考古学的重视，同样贯穿在他的教学理念和实践中。他主持中央美术学院美术史系工作期间，十分重视考古教学，安排了大量课堂教学和考古实习，聘请了当时北京大学历史系考古专业宿白、邹衡、严文明、俞伟超等名师讲授考古学课程，同时还邀请了贾兰坡、曾昭燏、郭宝钧等考古学大家举办学术讲座。他的这种教学理念和实践，进一步密切了考古学与美术史的联系，架起了两个学科之间的桥梁，为日后相关专业的发展和人才培养打下了坚实的基础。谢谢大家。

黄小峰：好的，谢谢贺西林教授，也谢谢我们今天下午的所有五位发言人。可以说今天的活动就暂告一段落，我们明天还有一上午的研讨会，希望大家继续来听。我们明天上午内容稍有不同，将会是一个很紧凑的报告会。我们今天活动就到这，谢谢大家。

第三场

主题：传铎——纪念金维诺先生美术教育与学术成就研讨会

时间：2019 年 5 月 11 日上午

地点：中央美术学院北区大礼堂

邱忠鸣： 各位教授、各位同道、同学们，早上好。我是邱忠鸣，2002 年到 2005 年在金先生门下读书受教，现在在北京服装学院工作。今天上午第一场是由我来主持。我们这一场的主题是佛教美术。金先生在佛教美术方面的成就，昨天罗老师和熊老师已经做了充分的介绍。那我们就开始。第一位发言的是四川大学李翎教授，她报告的题目是《数珠手——念珠进入佛教的时代与流行》。请。

邱忠鸣教授

数珠·观音·菩提树——植物学与神学讨论之一

四川大学 李翎

李翎: 我先说一下,我是 1999 年到 2002 年在金先生门下学习,我的方向是藏传佛教艺术,2002 年毕业以后就去了国家博物馆,一直到去年。我于 2018 年的 10 月转入川大,现在在四川大学工作。

我这个题目略微有一点点变化,改叫《数珠·观音·菩提树——植物学与神学讨论》。这是一个大课题,我想做一个系列,今天给大家汇报的就是"数珠"这个器物在佛教中的使用。因为它涉及到观音,涉及到所谓的佛教的菩提树和佛陀,所以我的题目是这样。我的内容概括了植物学和神学。我为什么考虑到这个话题?我之前大概做了十几年的鬼子母的研究。鬼子母研究当中有一个很重要的植物,就是石榴。所以后来我就想到有一系列的植物进入到佛教领域。其实不仅仅是佛教了,其他的宗教也

李翎教授

都有。比方说像桃树、齿木、观音的杨枝，还有一个重要的就是莲花，莲花它又分青莲花、红莲花等。这些东西它们怎么样进入佛教当中？佛教它是以什么方式来接收这些植物，怎么样赋予它们宗教的含义？我想讨论这个问题。当然我想这可能是我今后要做的一个比较大的内容。

这就是齿木，齿木现在在印度和巴基斯坦依然非常流行。以前我听过北大有的教授说齿木在印度已经没有了，只有在佛陀那个时代有，但是实际上现在印度非常流行。对于一般的老人或者稍微落后一点的地区的人们，他们还是要用这个东西。就那一小段，差不多人民币两毛钱一支，或者一毛钱一支。他早晨起来就会用这个东西。在巴基斯坦就更夸张，会给做成真空包装的，可以保持一个星期，你可以带走。据说这个东西在西方现在非常流行，被称为绿色的天然的植物。边上这些树就是齿木，实际上就是我们佛经翻译的杨枝。这个老头他坐在这现切，切成一段一段的。这个东西必须是新鲜的，一老了就会把牙扎破。他在那切，这是他的工具。

然后另外一个就是石榴。我记得在我研究鬼子母的时候，佛经里没有任何经典提到这个石榴是佛陀送给鬼子母的。但是美国学者埃里斯·格蒂（Alic Getty）在他的研究里说是佛陀送给鬼子母石榴。因为她变成佛教徒以后，只能吃素。但是她毕竟是夜叉出身，要想吃人怎么办呢？佛让她吃石榴，以石榴果汁来代替人类的这种血肉。当时我想我吃过的石榴都是绿色的，好像没有红的。去了印度以后我才发现，这里的石榴真的血红血红的。

我的题目就是《数珠·观音·菩提树》。菩提树就是这个样子，就是圆圆的，带个尖儿。这实际上是我到川大的一个收获，我在上课的时候给学生布置了一个作业，让他们介绍一下四川地区的佛教造像，他们是比较有兴趣的。其中有学生就提到了四川的数珠手。后来我就想，数珠手只在四川地区有，其他地方都没有。而且只有差不多晚唐、宋代那个时候，北宋、南宋开始有。然后我就想看一下这个课题。因为佛经里其实没有数珠手这个身份，观音也没有这个身份。所以我就开始做这个。问题就是，为什么从五代以后开始盛行数珠？佛教里头盛行数珠，之前是没有的。

另外一个就是地区。四川地区的持数珠菩萨，为什么称为观音？实际上没有一部经典提到持数珠的是观音，但是四川地区的人们认为这个就是观音菩萨。我找了一些相关的文献。提到数珠的文献大概有这么多，有一些是非常重要的。这里我说不了那么细，但是比较重要的就是我画红的这三个经典。第一个就是东晋失译人的《佛说木槵子经》，然后是宝思惟的《佛说校量数珠功德经》，再就是不空的。

这里头有一个区别。在东晋《木槵子经》这个时代，它就是一个显教经典，它就是讲怎么样来使用数珠的。然后从宝思惟开始，进入到 8 世纪，就进入密教系统了，之后的全部都属于在密教当中使用数珠。所以我们就形成一个概念，数珠大部分是在密教当中使用的。它怎么样来使用？就是在念诵咒语的时候，用它计数。因为印度人相信，咒语重复的次数越多，它的功德越大，法力越大。所以他们要念几千遍、几万遍、几十万遍。所以数珠在密教当中是用来计数咒语的。

现在的资料非常非常少。我查了一下，在知网上几乎就没有什么像样的文章。对我启发比较大的应该是柯嘉豪的这本书。当时我看他这个书几乎快绝望了，我想到的他好像都解决了。但是他的研究的角度是，数珠进入到世俗这个角度，没有进入到观音这个问题上，所以其实不影响我的研究，但是还是给我提供了很多有用的资料。然后另外一个就是李小强、廖顺勇的这篇文章。这是一篇比较专业的文章，可以说是一个资料汇编。因为这两个人都是当地的学者，然后他们对川渝地区的这个数珠手进行了调查，收集、统计了一个数字，是很清晰的数字，他们指出有 13 例数珠观音，其中有 3 例是有铭文题记的。

其中有一个题记明确提到，造数珠手观音一尊去进行供养。所以就是说，至少在宋代那个时候，人们认为数珠手已经是观音了。另外一个就是齐庆媛这篇《江南式白衣观音造型分析》里头，也提到了数珠手。但是这篇文章非常糟糕，所以我就不说了。我在学术史那块分析过她的文章。另外一个非常重要的文章，一个印度学者写的。在印度教当中，数珠是作为一个法器来使用的。这个资料是非常重要的。作为一个印度之外的外国学者，读这篇文章差不多就可以了解数珠在印度的流传使用以及它的一些仪轨，资料性非常强。然后后面我就不提了，有几个日本的学者，他们也提到一些数珠的起源。

东晋失译人录的《木槵子经》里提到这个数珠是用木槵子做成的。木槵子是什么呢？是木槵子树结的这个果实，它盘熟了以后就变成像琉璃一样，特别特别亮。当时这部经里介绍数珠只有这一种材料。非常幸运的是，我去了川大以后，那边有特别多这个东西。我上课的时候问过学生，他们说他们在小的时候就用这个一串一串地玩。据材料介绍，这个珠子非常硬，据说拿铁锤都砸不烂。后来我查李时珍的《本草纲目》，他就称之为鬼见愁。鬼见愁是它的一个植物学的名称，指它可以去病，可以去鬼，所

齿木

涂灰外道

谓去鬼就是去病。这个经的来源是一个国王的提问。通过这部经我们知道，首先数珠是来计数的，那个时候计数不是念咒语，而是念三宝名，即佛、法、僧。这是给居士修行用，而不是给出家人的。

然后另外一个就是宝思惟的密教经典，它非常重要。它里头提到了用什么材料做数珠，以及数珠的功德。用金的、用铁的、用木头的，会有不同的功德。所以它叫《校量数珠功德经》。它在这里头还讲了一个因缘，一个非常重要的故事。在菩提树下，因为结了菩提子，人们把死者放在这，他可以复活。可见它的功德就有这么大。

这就是我们经常看到的菩提子。但事实上，菩提树并不结菩提子。那么这个是怎么进入到这里面的？这是菩提树，根本不结这个子，它结一个很小很小的像无花果一样的东西。

菩提子是来自叫 rudraksha 的这种树，翻译过来叫湿婆之眼。它是湿婆信仰的一个标志，学名叫圆果杜英树。在印度教当中，湿婆之眼非常古老，从《往事书》上就已经记载了有关湿婆的传说，就提到了这个珠子。湿婆派的僧人都会戴湿婆之眼这种珠串。它生长在喜马拉雅山，正好就是传说中湿婆居住的领地。

这是我们经常看到的印度教的僧人。他们戴的不是我们现在说的紫檀什么的，而是这种湿婆之眼。这是我在印度拍的。你看这个是湿婆的现在的一个标准图像，这个旁边就是湿婆派的一个僧人，他就打扮成湿婆的样子，身上有三叉戟，有珠串，就是一个印度教僧人。这是他们的电视剧，他的脖子上、头发上全部都是这个湿婆之眼。这是在恒河边上的一个湿婆派。这就是佛经里头描写的涂灰外道，他身上抹的都是灰。

所以我的结论是这样的。数珠在印度传统上是念诵神明的计数器，然后进入到佛教当中，计数念诵咒语。它最早属于湿婆的象征，故事上是湿婆的眼泪形成的。在图像上，最早的图像是 5 世纪才出现，虽然湿婆的传说非常早。之后，它在阿旃陀佛教语境当中，在印度教语境当中，都是 5 世纪才出现的。8 世纪以后，它进入到密教系统，来计数念诵咒语的次数。我们知道的数珠大部分都是由观音来拿的，佛是很少拿的。那么这个观音到底是谁？我的结论是，观音是湿婆。因为他的图像志和我们现在知道的湿婆是一样的。这个我都已经有论证了，上次在川大的那个会上我已经说过这个问题了。这个造像是 8 世纪的奥里萨地区（Orissa）的一个造像，是非常典型的。我们可以说他是湿婆，因为他有四臂非常典型的湿婆的标志。但是现在的学者又把他称为Avalokitesvara，也就是观音。

好了，谢谢大家。

邱忠鸣： 在我的多次催促之下，李翎教授不得不结束。她其实准备了非常丰富的材料，很可惜。或者会后我们也可以再跟她进一步地交流。那么之后的学者请把握好时间。下面有请社科院文学所的王敏庆博士，她报告的题目是《莫高窟 428 窟佛塔形制渊源考》。

莫高窟 428 窟佛塔形制渊源考

中国社会科学院　王敏庆

王敏庆：尊敬的各位老师、各位同学，上午好。我是金先生 2007 级的学生，研究方向是佛教美术。这篇文章是我博士论文的其中一个章节，内容比较长。由于时间关系，我就择其要点，在这里给大家做一个简单扼要的汇报。

428 窟是一个北周窟，学界一般认为它是由北周敦煌刺史于义开凿。它位于九层楼的北部。从下面这张图可以更清楚地看到，它确实是一个非常大的窟。在众多的窟群里它非常显眼。这是 428 窟的平面图。它的主窟室是一个中心柱窟。我研究的这个佛塔位于西壁，在这个石窟的后壁，大概位于左部这个位置。

我们看一下这个佛塔的形制，它非常地有意思，非常地特殊。在一些建筑学家的

王敏庆博士

一些关于建筑的书籍里，总是把它称为"金刚宝座塔"。但是在北周那个时候，"金刚宝座塔"这个观念有没有出现，还是挺值得商榷的。这里我们不涉及佛教赋予这个塔的意义，只说它的形制渊源。

仔细看这个塔。这边有一个线图。它的配置很有意思。中间有一座主塔。四个角，就是它的四隅，各有一个跟主塔相似但又瘦很多的、像柱子一样的四个小塔。它上面也有相轮，上面还有三个圆的、呈倒品字状的三宝标。它还有多层的塔身。最重要的一点，它的形制的一个特点就是，它是覆钵顶，上面两边有绶花。它有一个中国庑殿顶式的大屋檐，是中国传统的木构建筑的大屋檐。所以说这个塔的形制非常特别，总结起来有三个主要特点：五塔组合的形式，木构建筑庑殿顶式塔檐和覆钵塔顶的组合，以及带平座塔身。

我根据这三个主要特点，一一追溯它们可能的来源。首先就是这个五塔的配置。不论是在印度还是在中国本土，这种以中间的一个主要建筑为中心，在四隅各有一个跟它形制或者样式大致相同的建筑，不论中西都存在。在北魏的时候，就有这种一个主塔四角配上四个小塔的。这张是皇泽寺45窟的，它是一个中心塔柱，在最上面有四个小塔。可见在北魏的时候，佛塔上就有大致的形制出现。它最重要的一个来源，应该是犍陀罗佛塔的这种配有四根石柱的样式。石柱顶部有的时候是三宝标，有的时候是像阿育王石柱一样的狮子。中间主塔，四角各有四个石柱。大家仔细观察的话，这四个石柱顶，这小狮子下面，也是跟覆钵塔形制特别像的，是一个半球状的，或者说像个馒头状的。这个柱顶上的部分非常相似，这可能有着整体设计上的考虑。

还有一点差异，它不是四个小狮子背对背，就是单独的狮子。它也是四个柱子，在这个佛塔的中央。此外我们注意到，这个塔身在逐渐增高。印度的这种覆钵塔，最早如桑奇大塔等是这种比较扁平的塔身，时间越往后推移，它的塔身在逐渐升高。这应该就是428窟佛塔多层塔身的一个来源。

另外还有一个，就是我刚才跟大家提到的，倒品字状的三宝标。在犍陀罗，它的排列方式不是固定的。它也许是一个正品字形。匠师在设计这个的时候，可以看到这是一个小人，他在托着这三个三宝标。那么在这种构图情况下，两个在下面一个在上面，是最为稳定的。下面这个是一字排开的。我们再看敦煌的这个，因为它上面是仰月，所以把这个品字形倒过来，正好上面那个圆的可以嵌在仰月的缺口里面，天衣无缝地嵌在里面。这是西方的，或者说是印度那边的来源。

彩图428窟佛塔

线描428窟佛塔

第二个是木构建筑庑殿顶式塔檐和覆钵塔顶的组合。当我们把所有的多余的因素都去掉之后，就留下主塔最上面这个最关键的部位。我们看它是覆钵顶的，有着中式建筑大屋顶式的塔檐。

下边这是中国传统建筑的斗拱，三间四柱。这种佛塔的形式来源，据杨泓先生考察，只有在响堂山出现过这种样式。虽然响堂山的外来因素非常明显，但是它的覆钵顶，还有塔檐的位置，这就是中国传统建筑的那种庑殿式的塔檐。这个看得会更清楚一点。由于响堂山是皇家开凿的，杨泓先生说，它只在响堂山出现过。那么在其他地方，这种带传统大屋檐式塔檐的单层方形覆钵小塔，不论是在北周还是在北齐，都再也没有出现过，响堂山上的是唯一的一处。在北齐的响堂山，皇家开凿的石窟里的这种样式，它是怎么到了敦煌？而且在敦煌，这个 428 窟佛塔，也是一个孤例。不管是之前还是以后，都再也没有出现过这种形象。

在我查阅文献及考证过程中，这个塔的样式进入北周可能的时间是在天和三年，也就是北周和北齐正式交聘之后，即正式开始友好往来之后。在这之前，不管是在西魏阶段，还是在北周初期，他们一直处于剑拔弩张的战争状态。所以在此之前，它进入北周的可能性不是很大。而且我们注意到这两点，一个北齐，一个北周，各自只有一处。而于义是北周重臣。其实于氏家族不仅是重臣，而且还是皇亲国戚。所以说，他们在身份地位上也是相当的。只在这两处出现，可能说明在北周和北齐，这种塔式只是在高层之间出现。

所以本文认为，可能是在天和三年之后，即二者正式开始交往之后，这种塔的形式才会进入到北周境内。

最后一点是多层塔身。在中国内地，高层建筑是比较多见的。多层塔身的形制从印度流传到中亚，再进入中国新疆，在一些壁画上也出现这种多层塔身的覆钵塔。它不像中国高层建筑那样是一层一层的，但是它也分层。下面再看犍陀罗以及在罽宾道上的这些佛塔，如果把 428 窟佛塔的这四个柱子去掉，拿出主塔部分来单看，它们有很大的相似性。所以说 428 窟的佛塔，它在设计的过程中结合了东、西两方面的因素，是综合考虑的结果。

总之，该塔在设计上独具匠心，它既套用了犍陀罗带有四根三宝柱的覆钵塔的形式结构，在具体塔样上又借鉴了北齐皇家石窟带庑殿顶式塔檐的单层覆钵塔的样式，并将浓郁的异域风格改造为汉式风格。428 窟五塔组合，它是设计者立足北周文化艺术取向，融汇中、西两方面的佛塔艺术要素，并且加上自己的匠意，独创而成的，体现了浓郁的设计意味，是东西文化交融最直观的一个案例。还有一点，对此塔考察的意义，可把428窟的开窟时间由原来的保定五年到建德三年，进一步精确到从天和三年到建德三年。

谢谢各位。

邱忠鸣：谢谢王敏庆博士对428窟的佛塔形制渊源做的非常有趣的研究，而且对428窟的年代也进行了推测，谢谢。王敏庆博士为我们节约了大概有两三分钟时间，很好。下面我们就请廖旸研究员。廖旸是社科院民族所的研究员，多年前就在炽盛光佛的领域进行了长期的沉浸和深耕。她以前的文章的影响力不仅仅表现在美术学界，可能还在历史学界等其他的学界。今天她会为我们带来《陕西明清炽盛光佛图像初探》。

好，我们欢迎廖旸。

陕西明清炽盛光佛图像初探

中国社会科学院　廖旸

廖旸： 各位老师好。我报告的题目是《陕西明清炽盛光佛图像初探》。有关炽盛光佛的学术史可以追溯到上个世纪。1937 年，日本学者松本荣一从敦煌藏经洞所发现的《炽盛光佛并五星图》出发，开展了研究。这件图像绘制于 897 年，是目前所知炽盛光佛最早的图像。随着中外学者的不断探索，视觉材料越来越丰富。比方说像西夏时代的河西地区，辽以来的山西、河北，西南的四川和大理，东南沿海，还有西北的回鹘等都有发现。再加上经咒等材料的话，炽盛光佛信仰分布的地理范围还要更广。晚唐时代它还传入了日本和朝鲜半岛。炽盛光法得到尊崇要追溯到唐代的长安：与炽盛光法密切相关的高僧，比方说像一行、不空和惠果，他们是住青龙寺；再比方说善

廖旸研究员

无畏，他是住西明寺。这种影响后来从长安向周边地区进行辐射。长安作为唐代的都城，这里兴起炽盛光佛信仰，首先要看到皇室起到的作用。

青龙寺本身是密宗的根本道场，遵循了炽盛光法，为皇帝建了本命道场。而皇室之所以特别尊崇炽盛光法，一方面是相信它可以为皇帝本人去灾祸、得长命，另一方面是相信它可以镇护国基。日本就是照搬了唐皇室的做法。大家看一下，这里写着"嘉祥三年 (850)，准大唐国街东青龙寺建皇帝本命道场"。

晚唐五代之后，炽盛光佛信仰从皇室蔓延到地方。像藩王、土司、节度使等，都可以看到他们崇奉这个信仰的痕迹。当然了，它也在民间扩散，成为一种普遍的信仰。我们接下来就面临这样一些基础的问题。比方说唐以后炽盛光佛信仰在陕西地区还有没有留存？如果有留存的话，炽盛光佛和他的眷属星曜呈现出怎样的面貌？他们在整个宗教神祇中间处于什么样的位置？他们在宗教仪式里面起到了哪样的功能和作用？

鉴于研究现状，我们还不能够面面俱到地或者说很完满地给出答案，今天只是给出一个初步的尝试。此前已经有学者探讨过陕西石窟造像里的手里持轮的佛像，推测表现炽盛光佛，但是轮本身并不是识别判断炽盛光佛的充分必要条件。实际上我们需要考虑如下一些元素。当然首先像要佛装或者菩萨装，其次可能是手上要持轮。这个图像本身是明代早期的云南大理沙溪兴教寺大殿的一个图像，场面非常简单。但即使如此简单，它还是强调了日月星曜。也就是说在炽盛光佛图像里面，星曜几乎是必不可少的。还有比方说如果像旁边写着"消灾吉祥陀罗尼"，这是一个很好的判断的辅助依据。还有一个很容易被大家忽视的就是，炽盛光佛经常是和药师佛对置的。那这两尊佛为什么存在这样一种对置的关系呢？这要追溯到他们的根本。他们的信仰有一个基本的根源，起源于我们内地根深蒂固的这种星命和北斗崇拜。药师佛的信仰是从七佛药师开始的，这七位佛就被认为是北斗七星的化身，而炽盛光佛被认为是北极星的化身。

北极星和北斗七星的关系我觉得不用多说，无论是从天文学的观察，还是到民俗到信仰等，它俩的关系都非常紧密。举个例子：这是目前讨论得比较充分的山西洪洞广胜下寺前殿的明代的壁画。它的东山墙是炽盛光佛会，西山墙是药师佛会。这两铺壁画场面宏阔、气象不凡，是美术史上的经典作品。

接下来我们就看一下唐以后的陕西。目前基本能够得到确认的图像之一，是来自蓝田的水陆庵。如果我们从这个地方，也就是青龙寺开始算的话，那么水陆庵距离长安城大概是 50 公里的样子，非常近。在明代，它作为藩王秦宣王家祠进行了重整，现存的塑像就主要完成于这一时期，具体为 1563 年到 1567 年。壁塑的量非常大，有 3700 多尊。因为现在考古科学技术的发展，它得到了很好的修复，而且进行了数字化的扫描工作，所以它能够很清晰地呈现在我们的面前。微信上就曾经推过水陆庵壁塑，把它作为"第二敦煌"予以宣传。所以理所当然地，这段时期水陆庵的研究是学术的一个热点。

3700 多尊研究起来是一个浩大的工程。我们稍微看一下这 12 个主尊，也就是作为大的形象出现的这 12 尊。今天主要来看一下前壁殿门两侧的这两尊。此前的研究中没有特别明确的判断，只是描述一下是一佛二菩萨。后来就逐渐判断出主壁的三尊是三世佛——横三世，把门两侧的这两尊作为三身佛里的两位。三身佛就是法身毗卢遮那、报身卢舍那和化身释迦牟尼佛。最新的成果、去年年底出版的《蓝田水陆庵》的意见也是如此，细部有一些小的调整，但是总的来说，是把这两尊作为三身佛里的两尊来看。

我们看一下图像。很明显，两铺除了位置对应之外，构图、人物、整个的布局非常地接近，都是在主尊——莲花座上的坐佛——旁边，两个胁侍菩萨或者天人。两侧的两排云头上面，站着十二身像。我们先看左边的十二身像，非常接近武士形象，没有特别明确的个人的标志。我们第一印象就会认为这是十二药叉大将。如果是这尊佛被药叉十二大将围绕的话，我们几乎就可以得到一个明确的判断：这尊佛很有可能是药师佛，两侧的菩萨就是日、月光。

再看右边这一尊就复杂很多。难点在什么地方？就在于这 12 尊小像，它们比左边这尊的问题复杂很多。这 12 尊小像男女有别，岁数不同，有文有武，有寂静相也有忿怒相，差别比较大。经过仔细比对，现在大致可以认为，这些小像的主体就是十一大曜。此前它们没有被认出来，是因为这种形象、这种图像体系的星神形象，对大家来说相对陌生。

我们比较熟悉的是一行在《梵天火罗九曜》里面描述的这个体系。举水星为例：水星是一个女神形象，手上拿着纸和笔，头上会出现猿猴。这个图像体系流行非常广泛，即使是在道教的图像中也得到沿用。比方说大家非常熟悉的永乐三清殿的壁画，也是这个图像体系。可能有一个误区，大家会认为这个体系在佛教艺术里面很流行，那么它就来自印度。实际上，这个图像体系是要追溯到巴比伦、波斯这样比较遥远的地方，它经过中亚传入大唐。这是十二三世纪伊朗的一个瓷盘，大家看一下这个水曜的形象，她就是拿着纸和笔。可是水陆庵这里的水曜，她拿的是弓和箭。这个弓的上半部分已经缺损了，下半部分还比较好。而箭是非常清晰的，是一个羽箭的形象。类似这样的水星神在明代是有先例的。比方说左边这一身，早它100年，是智化寺藏的一个炽盛光经印本里面的插图，她就是拿着弓和箭的。而这个插图旁边有陀罗尼，也有她的名号，所以这一尊的辨识本身没有任何问题。再往前，这种持弓箭的女神水曜在西夏就已经出现了。同样也是一个炽盛光经的插图，有西夏文的榜题和经咒，身份也是非常清楚的。再追索，我们可以看到西藏的图例。这是1464年西藏贡嘎曲德寺的九曜形象。这身是水曜，我们来比较一下这两个水曜形象：男女有别，但是持物本身是一致的，对吧？最终我们就可以看到，这种星神图像体系来自印度。当然了，印度是文明古国，文化多元，有很多体系的星神。我这里只是提一下跟我们图像有关的这一种，而梵文的描述同样也是非常的清晰，与图像吻合，提供了有力的支持。

现在来说，图像演变和传播的脉络是比较清楚了：从印度到西藏到西夏，通过藏传佛教的发展影响到京城。而智化寺的版本和水陆庵雕塑中间就正好相差一个世纪。水陆庵的星神体系，一方面要考虑地理，比如说像河西或者临洮，这些地方都是跟秦或者说跟陕西非常接近的；另一方面还要看政治亲缘，从皇室、宫廷传播到藩府。这件永乐本藏在内府，只有6厘米宽，这是一个日常用的东西。刚才提到的智化寺那件就非常大，它高度是一肘长，43厘米，是智化寺那么多藏经里面尺寸最大的一件。皇室对它的尊崇是非常明确的。

我们再看一下眷属。刚才是只谈了水曜。目前能够对这些眷属小像识别，结果我标注在图上了，有个别的不是很清楚，但是整个体系是没有什么大的问题的。唯一没有辨识的是这一尊。这尊形象是在左下角，总的来说不影响大的判断。因为在明代12尊眷属加上2尊胁侍即这种14尊的构图，是非常常见的。

在讨论过眷属之后，再看一下主尊的形象。我们知道，在田野调查里面可以看到，雕像、塑像的指头因为比较细长，很容易缺损。而持物是另外加上去的，也很容易丢失。所以他很有可能原来手里是持了一个钵，然后右手拿出一个诃子或者药丸，是用来施济救人的。但即使没有持物的话，也不影响我们对他的判断。因为药师佛本身是可以不持物的。这是莫高窟的例子。同样，炽盛光佛本身也可以不持轮。当然了，我个人认为它是有轮，只是丢失了而已。如果在星神眷属里面出现这样一个形象，那就

水陆庵·药师佛

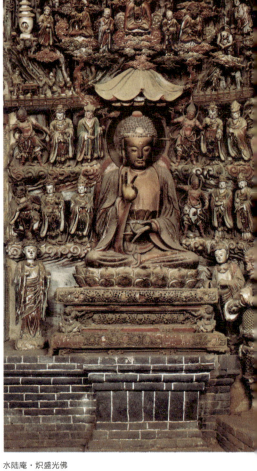

水陆庵·炽盛光佛

是一个完美的图像解释。当然最后一个有力的证据在于，药师佛和炽盛光佛再一次对应出现。我们刚才讲过了洪洞的那个例子，那么这是一个同样的例子，对于我们思考它的神祇结构是一个很好的启发。

现在我们初步可以得到的结论是：在唐之后，陕西地区仍然存在炽盛光佛信仰，这一点可以从图像资料得到确认。目前找到两例以佐证，由于时间关系，我们讨论了水陆庵这一例。它在图像特征方面体现了印度星学的影响，这一点对于研究文化传播和交流是非常有意义的。而它作为秦宣王家祠佛堂，壁塑规模宏大，造像繁复。在这样一个非常宏大的佛教体系结构里面，炽盛光佛的信仰的地位是非常突出和显眼的。他和药师佛再次对置，他负责消灾，而药师佛负责延寿，他们在功能上形成了完美的搭配。

在结束报告的这一刻，感谢会议给我这个机会表达对金先生的追思，纪念这位学术大海上的摆渡人，暗夜迷途中的指路明灯。谢谢大家。

邱忠鸣： 谢谢廖旸研究员精彩的报告，我想她的炽盛光佛的研究更成体系。下面一位，我们这一场的最后一位，是现在清华大学艺术博物馆的倪葭博士。她今天报告的题目是《首都博物馆藏〈水陆缘起图〉探微》。好，我们欢迎倪葭博士。

首都博物馆藏《水陆缘起图》探微

清华大学艺术博物馆　倪葭

倪葭： 各位尊敬的老师、同学们，大家上午好。我原先供职于首都博物馆，现在在清华大学的艺术博物馆工作。我是金先生 2009 年的博士生，当时和刘科、李俊是一届的同学，现在看起来还是非常亲切。

我今天汇报的题目是《首都博物馆藏〈水陆缘起图〉探微》。汇报的结构主要分三大部分。第一部分是先介绍三幅同题材的水陆画，对画面进行介绍与分析。主要分析它们之间的相同之处以及不同之处，并由不同之处引出一些问题。第二部分，因为首都博物馆这个《水陆缘起图》有慈圣皇太后的绘造款，所以分析一下慈圣皇太后在万历朝崇佛以及她崇佛背后的深意。再借由崇佛分析一下慈圣皇太后出资绘造这一堂水陆画的原因，《水陆缘起图》的创制背景、绘制初衷，以及在水陆法会中的摆放位置。此外还要探讨一下这堂水陆画的绘造者是谁，以及这堂水陆画的流向问题。最后是一个简短的小结。

首都博物馆藏有 40 余幅慈

倪葭博士

圣皇太后绘造款的水陆图，其中有一幅是《水陆缘起图》。这些作品曾经多次发表并展出。经过检索资料发现，与此幅《水陆缘起图》类似的，还有藏于青海省海东市乐都区的《水陆缘起图》，以及陕西洛川民俗博物馆的《梁皇听法图》。现在在首都博物馆进行展出的"一带一路"的青海展上，乐都的这件《水陆缘起图》也正在展出。大家如果感兴趣可以去看一看。展览引起我兴趣的是，将三幅水陆画进行比对以后，画面结构均为上图下文。上部绘的是梁武帝、志公和尚等，下图全部是介绍水陆缘起的录文。最值得关注的是，在首都博物馆的《水陆缘起图》中，梁武帝、志公和尚间的中心位置有一条盘曲的红色蟒蛇，口中似有云气吐出，这在另外两幅画中是没有出现的。所以我主要想探讨一下首博的《水陆缘起图》中的蟒蛇的绘制依据，以及水陆画的相关问题。

首先是这三幅画。我是按照创制的时间来分析的与排列图片的。图一，这个最左侧的，是青海的这幅《水陆缘起图》，基本上是明中期。第二幅是首博的这幅《水陆缘起图》，万历时代，基本是明的中后期，稍晚一点点。第三幅是清代的，清中前期的《梁皇听法图》，也就是陕西的那一幅。

首先进行一下画面的介绍。因为文字比较长，我就简要说一下。青海这幅是尺幅最大的，纵 147 厘米，横 82 厘米，创制于明中期。这次经过看实物，我发现它的款识部分其实是一个挖镶款，它的挖镶款写的是康熙三十九年。但是整个图像和文字，分析应该还是明中期的作品。画面中心是梁武帝，他的右上方是志公和尚。志公和尚的前后立有两个弟子，双手合十。梁武帝的身后有四个文臣和一个武将。这个描绘的我觉得是一个室外的背景。地面平涂草绿，后面有祥云和太阳。

首博的这一幅纵要稍微长一点，是 160 厘米乘以 93 厘米。中心描绘的也是梁武帝和志公和尚，但有不同之处，比如说在梁武帝跟志公和尚的中心位置，有一条红色的蟒蛇，口中有云气。在梁武帝的身后有两个执仪仗扇的宫女，以及身后背景加了一个建筑物，地面也不再是平涂的草绿，而是这种像地砖的图案。这边左侧有一个绘造款，"大明万历己酉年"，也就是万历三十七年，公元的 1609 年，"慈圣皇太后绘造"。钤印是"慈圣宣文明肃贞寿端献恭熹皇太后宝"。下部是黑底金字的《水陆缘起文》。

第三个是陕西的。这个图片我是从杂志翻拍的，清晰度稍微差一点。公布的资料里我还没有查到它的尺寸信息。据其他文章分析应该是清中期的，因为没有看到款识和其他的信息。上面也有梁武帝跟志公和尚问法的这个图像，地面也是平涂草绿，梁武帝身后也是有两名宫女，后边也是一武将和四文臣。下部也是黑底金字的《水陆缘起文》。

从三幅水陆画来看，构图布局均为上图下文。上图的中心位置，均是志公和尚及弟子，梁武帝后面都有随从，是一武四文。人物塑造形象近似，设色赋彩相类。技法以工笔重彩为主，包括勾勒、渲染、平涂等。三幅水陆画的相似度极高，我就想这三幅水陆画应该牵涉用相同的粉本进行创作的问题。关于什么是粉本，我就不在诸位专家面前再班门弄斧了。大家都知道什么是粉本，历代画工在进行创作中，多依赖粉本进行绘制。我在此主要讨论的是三幅水陆画的不同之处。最关键的就是，首博本的《水陆缘起图》在志公和尚和梁武帝之间有一条红色的蟒蛇，这在另外两图中均没有出现。当然，画面中的细微的不同之处也非常多，比如有没有宫女、室内外的场景、人物服饰以及色彩等，在此就不再详述了。

那么首博《水陆缘起图》中的蟒蛇有什么绘制依据呢？我查了一下元代觉岸的《释氏稽古略》，其中记载了关于梁武帝的《梁皇忏》的一则故事，也是水陆缘起的一个依据，一个传说，"梁帝初为雍州刺史时，夫人郗氏性酷妒。既亡，至是化为巨蟒入后宫，通梦于帝求拯拔。帝阅佛经为制《慈悲道场忏法》十卷，请僧忏礼。夫人化为天人，空中谢帝而去"等等。

所以我觉得首博《水陆缘起图》依据的水陆缘起的文本应该是《释氏稽古略》。另外两幅依据的应该是宗赜的《水陆缘起文》。女性对于蟒蛇，和蛇有关的恶报，称为"蛇报"。我查了一些历代的笔记小说，这些妒妇很多的报应就是变为蛇。三幅画面可能都是依据相同的文本进行绘制，但是慈圣皇太后选择了救拔夫人郗氏的这个缘起，并授意画工在《水陆缘起图》中进行了改变。画工依据粉本绘制，只是在梁武帝的听法途中加入了郗氏的蟒身，使画面出现了梁武帝、志公和尚和郗氏蟒身。而且依照惯例，在下文录入了原来的《水陆缘起》文本，导致了画面中出现了文、图无法对应的情况，导致画面有一点混乱。

慈圣皇太后，也就是万历皇帝的生母，她的出身其实是一个宫人，一个宫女。因为最后生下了万历皇帝，被当时的穆宗封为贵妃。在万历三十四年的时候，她的封号已经变成慈圣宣文明肃贞寿端献恭熹皇太后，这与万历三十七年慈圣皇太后钤盖的宝印的印文是吻合的。

慈圣皇太后好佛，已经有很多史书加以记载。但是慈圣皇太后的家庭出身并不高，曾经也是一个宫人的身份，那么她如何提升自己的个人地位呢？她崇佛除了求得精神的慰藉，也是利用宗教提升了个人的地位，并为自己杜撰出了九莲佛母的身份。后面就说她曾经做梦，梦见九莲佛母，梦醒之后她自己就把这个经文背出来，所以很多僧人说她是九莲佛母的后身。等到明后期，崇祯帝在草桥附近为她修了一个九莲慈阴寺。说明到明后期她尊贵的身份已经是深入人心了。

《水陆缘起图》创制于万历己酉年，当时的社会环境并不好，对外战事失利，倭寇扰边，对内群臣不和。那么慈圣皇太后绘了这样一堂水陆画，可能也是为了国家社稷以及子孙祈福等，这可能是这堂水陆画绘制的初衷。

非常感谢我的师姐戴晓云博士，当时把她的专著送给了我一本。所以我能够知道在水陆法会中，《水陆缘起图》也就是缘起碑在水陆法会中摆放的位置。基本上是我标红框的这个位置。

这堂水陆画的绘造者是谁？目前可能还没有太确切的结论。曾经看过一位学者说，这个可能是慈圣皇太后来绘造的。其实我觉得是不太可能的，因为慈圣皇太后只是一个功德主，出资绘造，并且题写了款识，加盖了印章。但她不可能是真正实际操作这堂水陆画绘制的作者。我前面说到挖镶款的青海的那幅作品，它也是写的"沐手虔造"，但明明是一个挖镶款的作品，不可能是本人进行创作的。

明代宫廷画院中善人物画的画家非常多，但是与此堂水陆画相比，画风相去甚远，所以作者一时难以确定。关于流向问题，我查了《清凉山志》。万历皇帝和慈圣皇太后曾多次向五台山等寺庙颁赐经文。我也在文献中查到，万历二十七年万历皇帝和慈圣皇太后给五台山颁赐了金泥水陆神像，我觉得是一种金泥的水陆画。但是三十七年这次，我觉得可能也会存在相同的情况。

最后小结，将首都博物馆《水陆缘起图》与陕西《梁皇听法图》、青海《水陆缘起图》比对后，笔者推测此三幅水陆画可能依据相同文本进行绘制。慈圣皇太后出资绘造此堂水陆画，包括《水陆缘起图》。在绘制的过程中，慈圣皇太后授意画工，将图中水陆法会的起源场景进行修改。水陆法会的起源变为了梁武帝为度郗氏而修设水陆道场。但是画工只是在梁武帝听法的这个场景中加入了郗氏的蟒身，使画面的场景中包括了梁武帝、志公和郗氏，却仍依据惯例在下面录入了原来的《水陆缘起文》，导致《水陆缘起图》出现了文、图无法对应的情况以及画面的混乱。万历三十七年之时的社会状况并不好，对外战事失利，对内群臣不和，灾害频繁。慈圣皇太后于此时

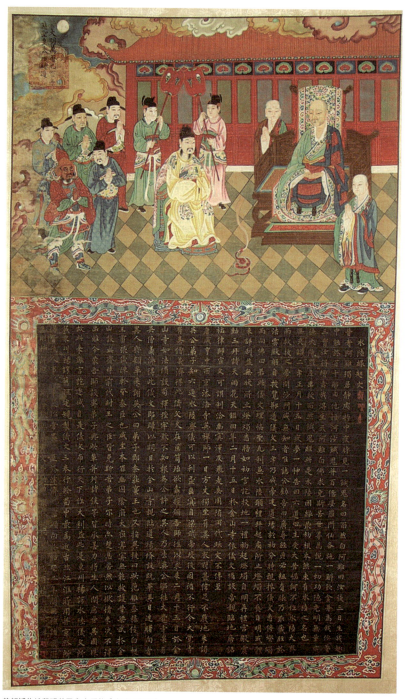

首都博物馆藏明慈圣皇太后款《水陆缘起图》

令画工绘制水陆画，将此堂水陆画颁赐给寺庙，为的是在寺庙设水陆法会。

本文同时解读了此堂水陆画的创制背景、创制初衷、功用及流向等问题。谢谢大家。

邱忠鸣：谢谢倪葭博士的报告。我想到这里你们可能大概会知道，为什么今天老师们会安排我到这里，是因为我的佛教美术史学得最不好了，所以必须要站在这里向你们学习。我们接下来还有最后一个环节，下面将由浙江大学的谢继胜教授对刚才的四位学者的报告进行评议。谢老师有10分钟的时间，然后接下来会有大概5分钟的时间由我们提问。那么让我们以热烈的掌声欢迎谢继胜教授。

评议与提问

谢继胜：我先在十分钟之内，大致把每个人的论文特点说一下。第一个，我听了一下李翎的论文，我听的时候，突然想起来我读博士的时候，金先生让我做一个藏传佛教的密教图像集。当时我一听，我说我一个人哪能做得了那个呀，我拒绝了。我拒绝了以后，李翎来了，最后让李翎继续做这个图像集。

现在经过多年的教学后，我觉得金先生确实是高瞻远瞩。很多东西你没有一个完整的图像学的系统，就不能做好。所以我自己今天读了一下李翎的论文，我觉得李翎可能也是得益于此。虽然她也没有像当时金先生想的那样做一个非常完整的图像学的图典，但是她对一些具体的个案，比方说观音信仰或者什么的，具体地深入下去，然后结合文本，开拓了她的眼界。在她这几年的研究里面，我就发现一个这样的特点。

再一个她到处跑。比方说最近这段时间她去印度这些地方，观察到、看到的东西也多，通过各种比较，就发现了别人没有发现的问题。比方说对四川的数珠手观音的

谢继胜教授

142

讨论，正是她通过以前的这种比较研究，视野开阔得到的结果。就具体的内容，比如说数珠手观音跟湿婆的关系，我觉得没有什么问题。所以很多东西就是眼界开阔了，看到的东西多，发现的问题多。

金先生当时让我做，我给拒绝了，我说我不做这个，我说太难做了。李翎她这几年做的，我觉得她这个结论或者研究的方式，从有关植物学和神学的角度去研究，都是不错的，都挺好的，没有什么问题。

至于王敏庆，我原来也在首师大，我们认识得特别早。王敏庆的论文是另外一个角度。她从北周特定的这一段时间入手，对金刚宝座塔的几种可能的组合，域外的、本土的等，进行了讨论。她探讨金刚宝座塔的个案跟犍陀罗的关系，跟木构建筑的关系，等等。通过北周佛塔的这个个案，说明了这段特定时间不同文化的交流和融合。而且通过这个个案，也对这个石窟的年代做了一个校正，我觉得这个也是非常好的。

廖旸的论文就是说炽盛光佛。因为廖旸这么多年一直在研究炽盛光佛，她对炽盛光佛的研究，通过各种文献、各种图像已经做到了极致。有关陕西的这件炽盛光佛，她讨论到了后代，唐五代以后炽盛光佛的留存情况。她是以蓝田的水陆庵为个案，讨论图像的一些变化。从早期的炽盛光佛与药师佛的关联出发，到后期的爬梳。炽盛光佛在陕西这个地方，从唐代之后，早期的遗存也在变，而且一直流传下来。廖旸还讨论了炽盛光佛信仰跟皇室的关系，跟藩属的关系，以及它是怎么传播到了民间，等等。我觉得她把炽盛光佛从早期到后期的整个流传梳理得非常清楚，使我们逐渐看出炽盛光佛的变化，了解到它从皇室到贵族或者以后演进到民间的过程。所以，我觉得这也是比较精彩的。

倪葭这个论文是一个个案的研究。因为倪葭在清华大学艺术博物馆，前一段时间还让我们去看了博物馆藏的很多精品。因为她在博物馆待的时间长，她看东西就跟别人不一样，所以她对水陆画的这个个案研究，观察很细致。这件水陆画有一些问题，比方说为什么慈圣皇太后画一个有蟒蛇的，有关梁武帝与志公和尚在这个画里面为什么是这种表现，等等。再一个就是它的风格，它的题记、风格、年代之间的矛盾。所以这是一个比较传统的个案方法的研究。

邱忠鸣：非常感谢谢老师精彩的评论，我们接下来还有五分钟时间开放给下面的学者们。你们要有什么问题，现在请向台上的学者提问。

研讨会评议现场

提问： 其实不是问题，是请教。廖旸讲炽盛光佛，它涉及到药师佛，它有那个眷属，就是日、月光菩萨。日、月光菩萨在很多的题材里会出现。因为我研究水陆，水陆里面有很多，比方壁画里面，云林寺有十大菩萨、十大佛，佛里面有炽盛光佛也有药师，菩萨里面就有日、月光菩萨。我记得那个日、月光，一个是头上有太阳，月光菩萨是有月亮。在昭化寺，它可能是另外一个表现，可能会持剑或者持珊瑚珠。我不知道你是不是有注意过这样的现象。而且昭化寺的一个壁面上有一个佛，它是东西壁，东壁应该是那个大日如来，是毗卢遮那佛，有毗卢遮那印，这个是很清楚的。然后它的另一壁上的一个佛，那个佛手上隐隐约约有个佛经，有个法轮似的。

邱忠鸣： 我们就五分钟的时间，所以——

提问： 我把它说清楚。它有日、月光菩萨，但是它没有榜题，没有榜题是日、月光。由于药师和炽盛光是相对出现的，所以想请教你，如何确定昭化寺壁面上的是药师还是炽盛光？

廖旸： 这个需要看更具体的语境，因为在现存的图像里面，炽盛光佛和药师如果只是两个形式，那么它们以日、月为标志的情况是蛮常见的，不能通过一个特征就下定论。但是，是不是持有日、月就一定是日、月光菩萨，这是另外一个话题。

邱忠鸣：那么我们再开放一个问题，很简短地提出你的问题就好。

提问：我想问廖旸老师，讨论星神图像的时候您举了伊朗的星神为例，认为星神图像是从西方传到中国本土，但是您只对比了水星，那其他的星神比如土星和木星的情况如何？我看到蓝田水陆庵十一曜星神中有几个星神的形象，感觉和永乐宫的体系完全不同，请问您觉得汉地的星神图像是继承西方的来源吗？中国本土有对五星神图像的表现吗？

廖旸：我举了伊朗的例子，并不是所有的神都符合我们内地的佛道常见的体系，佛道共同的星神不是我们常见的这个体系。是这样的，它是一个源头，并不等于我们是照搬的。比方说那里面的水星是个男神，但是到那个时候变成女神。这个问题是非常复杂的，我只能说它的源头可以追溯过去，但不是说是照搬过来，是这么一个关系。如果您对这个问题有兴趣，推荐您看一下陈万成老师这本书，《中外文化交流探绎：星学·医学·其他》，您可以检索一下。它里面我觉得是说得比较清楚。这边的年代相对比较晚，我只是为了图像清晰选择了这个图像。在更早的文献记载，比方司马迁等，有他们的体系。但是在汉画里面有没有对应图像，我没有找到过。

邱忠鸣：谢谢。好的，我们时间也到了。上午的上半场我们就到这里，中间有10分钟茶歇。之后进行第二场，书画专场。好，谢谢大家。

学生提问

第四场

乌力吉：尊敬的各位老师、专家、同学们，上午好。今天上午的第二场由我来主持。首先感谢会务组给我这么一个机会，感谢贺西林老师，感谢人文学院。我从 2003 到 2006 年跟随金维诺教授读博士。我叫乌力吉，在内蒙古师范大学美术学院工作，也再次欢迎大家到内蒙古做客。第二场主要是中国古代绘画研究。第一个发言的是陕西师范大学历史文化学院文博系的徐涛副教授，他的题目是《长留典范在人间——二十世纪以来"四家样"研究的进展与反思》。大家欢迎。

乌力吉教授

长留典范在人间——二十世纪以来"四家样"研究的进展与反思

陕西师范大学　徐涛

徐涛：谢谢大家。我是金先生 2006 年的博士生，于 2009 年毕业。我在校期间，金先生指导我做吴家样研究，我今天的题目是《长留典范在人间——二十世纪以来"四家样"研究的进展与反思》。

在人类现代摄影术出现之前，图样是艺术传播和教育中的一个非常重要的手段。在中国，图样出现得很早，根据文献中的记载，是从南北朝时候就已经有了。"四家样"是在唐代的张彦远《历代名画记》里面所提及的，他总结了北齐的曹仲达、南朝的张僧繇、唐朝的吴道子和周昉这"四家样"。另外在宋代郭若虚的《图画见闻志》

徐涛副教授

里面也有这样一个记载。

二十世纪以来的"四家样"研究分成三个阶段：第一阶段就是上世纪初至六十年代，第二阶段就是二十世纪七十年代到九十年代，第三阶段就是2000年以后。本次讲演的重要内容，主要是探讨金维诺先生在"四家样"研究中的重要贡献，并对今后"四家样"研究做出一些展望。

在上世纪1949年前，"四家样"研究可以说是非常地薄弱。在清代，只是记载里面有一些，比方说《画谱》里面记载的吴道子的柳叶描、枣核描、兰叶描等等。进入到民国以后，提及"四家样"的就是日本中村不折的《中国绘画史》，曾经引用过这个文献。其后，在叶瀚的《中国美术史》和滕固的《唐宋绘画史》里面基本上以文字记述为主，所引用的也是和清代相距不大的材料。

另外岑家梧的《中国艺术论集》里面也曾经提到过周昉，所不同就是他更多地知道了斯坦因曾经在高昌获得了绢画，想以此来进行探讨。总体而言，1949年以前的认识基本上和清代人的认识没有太大的区别。这就是清代人认为的吴道子的画法和形象。

到了上世纪五十、六十年代，随着民族文化的复兴，有关研究相继进行。比方说有关吴道子，有王伯敏、潘天寿、徐邦达先生的研究；有关周昉，有王逊、金维诺、谢稚柳和杨仁恺等人的研究。那么这些研究主要是研究什么呢？有一些基本上还是对文献资料的整理，另外加上少量的石刻，或者是传世的一些图像。至于有关周昉的研究，就对一些疑似卷轴画的材料，进行了探讨和辨析。也就是说，总体上讲，在方法论上还没有太大的突破。

值得注意的是什么呢？就是二十世纪五十年代到六十年代，王逊先生的研究有一个重要的突破点。他在研究敦煌壁画时有意识地引入了文献材料，并且试图在文献材料里面，将敦煌的研究和传统的文献进行对接。之后，在对永乐宫三清殿的研究里面，他也把文献记载，包括吴家样的、武宗元的一些文献记载，和三清殿的壁画内容进行联系，尝试做出解释。而且他在《中国美术史讲义》里也重复了这样的观点。但是遗憾的是，后来反右，再加上"文化大革命"的冲击，王逊先生不幸去世，使得"四家样"的研究在二十世纪六十年代就未能深入进行，被迫中断。

接下来说二十世纪七十年代到九十年代"四家样"的研究。二十世纪七十年代，到了"文革"后期，国家逐渐在步入正轨，学术活动继续进行，金维诺先生就肩负起了研究中国美术史的重任。先生在《唐代西州墓中的绢画》里面，就用考古材料和传世的周昉的绘画进行了对比。他认为周昉的绘画，应当在此前有一个长期的民间流行的过程。也就是说周昉的这个形象不是他自己独立创造的，它是有前期的这么一个积累。

另外在《历代名画记》与《唐朝名画录》的文献整理过程中，金维诺先生对文献的整理也为下一步的研究奠定了基础。当然，也有些学者试图涉及这方面，但是总体上跟二十世纪六十年代区别不大。到二十世纪八十年代，最重要的就是金维诺先生对"四家样"研究的引领。在二十世纪八十年代初，文物出版社和日本平凡社合作出了一套非常重要的图录，就是《中国石窟·敦煌莫高窟》。

金维诺先生作为主编，全程参与了敦煌石窟的研究。并且在《中国石窟·敦煌莫高窟》的第五卷上，金先生发表了《敦煌艺术在美术史研究上的地位》这样一篇重要文章。在这篇文章中，金先生除了论及敦煌石窟的艺术价值以外，有一个章节，专门谈"四家样"的研究。在这里面他做了大量的细致的文献整理和分析工作，并且把文献整理和敦煌石窟的研究建立了联系。这个联系非常重要。因为在此之前，敦煌在边陲，历代的画家名家他不可能去到敦煌画画。所以说如果要按文献记载，又记载的是长安，就只能是通过图样的方法，来把这两者结合起来，以达到文献和实物的对接研究。

金先生在《中国美术全集·隋唐五代绘画》《中国美术全集·寺观壁画》，以及和罗世平先生合著的《中国宗教美术史》，还有《中国绘画全集·先秦隋唐五代》里面，都从不同的角度、不同的方向，进行了深入的探讨。其目的就是想通过"四家样"的研究，从文献走向现实，从经验走上理论。

金先生不仅是在宏观上研究，他还做了一些具体的专题。比如说对"曹家样"的研究，金先生曾经撰写了《曹家样与杨子华风格》《南梁与北齐造像的成就与影响》，通过这些来探讨"曹家样"的面貌，也就是文献中的"曹家样"面貌和现实中造像的对接。

另外在"吴家样"研究中，金先生又撰写了《森罗移地轴 妙绝动宫墙——论吴道子及吴家样之光辉成就》这样的文章，想通过考古材料、传世石刻、敦煌壁画，重建吴家样的形象。在金维诺先生的引领下，他的研究，尤其是中国石窟的研究，不仅在国内产生了重要影响，甚至在海外也产生了非常积极的影响。我们可以看到，这是后来认定的吴家样的形象。

在这个时候，其他国内学者也开展了一系列研究，1993 年陈传席曾经撰写了《中国早期佛教艺术样式的四次变革及其原因》，里面谈及"四家样"的影响。程大利这

新疆出土的绢画　　　　　　　　　　　　传吴道子绘观音像刻石（清康熙）

一篇《吴道子绘画风貌浅析》基本上还是传统的，通过文献材料进行分析。李嘉这篇《飒然风起——苏州瑞光寺塔四天王像对吴道子画风的继承》通过对苏州瑞光寺塔的研究，想通过对考古和实物的结合来复原吴道子的形象。海外学者也有积极地跟进。一个就是海外学者郭继生曾经在台湾的《汉学研究》上发表了一个英文的《吴道子问题新探》，总结了各地的一些重要的发现，包括敦煌壁画的重要发现，想复原、探讨吴道子的面貌。另外值得关注的是，日本学者用"四家样"的理论和方法，对日本寺庙里面的壁画造像进行了研究。比方说井上正的《法华寺十一面观音像和吴道玄样——檀木类雕像的诸相》、长冈龙作的《佛像表现上的"型"及其传播——平安初期菩萨形雕刻有关的一个考察》。也就是说，关于"四家样"研究的思路和方法，已经开始在海内外传播。

最后说 2000 年以后"四家样"的研究。首先我们可以看到的是，金维诺先生继续在引领。尤其是青州龙兴寺的发现，金先生积极参与研究，写了《青州龙兴寺造像的艺术成就——兼论青州背屏式造像与北齐曹家样》，根据青州造像重新定义了"曹家样"，也指出可能同样样式在不同时期有不同表现。另外金先生在《中国古代佛雕——佛造像样式与风格》这本书里面，又对中国佛教造像的样式与风格做了总体的概括。

在金先生这样大力地甚至是几乎以一人之力来推动"四家样"研究的情况来看，其后最先响应并且开始进行"四家样"研究的，就是一些金先生的学生。我们可以看到，首先是罗世平先生在 2000 年的《青州北齐造像及其样式问题》开始进行探讨，另外邱忠鸣的《曹仲达与"曹家样"研究》，开始依据丰富的材料进行更深入的研究。我本人也进行了一些探讨。

在此期间，国内学者的知识面又开始扩大。比方说从中外交流的角度，探讨"张家样"的研究。还有从佛教思想的演变，来探讨"张家样"的风格。这都意味着国内学者开始进行了更广泛的研究。甚至到了 2000 年以后，"四家样"也成为硕博士论文的一个重要的选题。也就是说，这个研究的方法和思路，在国内开始向更深层次的方面和领域延伸。

除了"四家样"，学者又有了更深层次的认识，那就是关于粉本的研究，罗世平先生的《四川唐代佛教造像与长安样式》，胡素馨、唐莉芸的《模式的形成——粉本在寺院壁画构图中的应用》，李清泉的《粉本——从宣化辽墓壁画看古代画工的工作模式》，张鹏的《"粉本""样"与中国古代壁画创作——兼谈中国古代的艺术教育》，沙武田的《敦煌画稿研究》。2000 年以后，主要的材料就是对传统的一些认识进行辩证和讨论，进行概括和总结，大致是这么一个情况。

总结这个发展过程，我们可以看出，第一阶段，也就是二十世纪六十年代，主要是通过文献讨论，实物形象欠缺。第二阶段，主要是金维诺先生的引领，不仅是用考古和石窟壁画来探讨"四家样"，更多是通过"四家样"来深入研究石窟壁画。第三阶段就是从画家、作品的研究转为画派、画样的研究，从探索"四家样"的面貌，转变为对其艺术来源及传播方式的研究。

展望今后的"四家样"研究，应当注意以下几点。第一，要注重新资料的发掘、整理，扩大图样研究的范围。第二，图样的价值在于传播。这种传播它既是一种横向地域上的传播，更是一种时间上垂直的传播。这两种方式都是非常具有价值的。第三，要将图样的形式与传播，纳入到中国文化传承体系中。因为图样不仅是一个图，更多的是一种文化的认同或者一种思想。这个里面可以看出中国文化，中国古代思想的一些认识和变迁，也是通过这个图样来体现的。好，谢谢大家。

乌力吉：谢谢徐涛先生。下一个有请吉林师大美术学院的陈思教授，她的题目是《〈十咏图〉中的北宋科举与政治文化》。

《十咏图》中的北宋科举与政治文化

吉林师范大学　陈思

陈思：各位老师、各位同学，上午好。我是金先生 2010 年招收的博士研究生，于 2013 年毕业。非常荣幸在此发言。我的发言题目是《〈十咏图〉中的北宋科举与政治文化》。我想从三个方面来谈：第一，南园——父以子贵的家产山水；第二，北宋科举与地方兴学；第三，《十咏图》是诗画结合的先行典范。

我们都知道，科举考试这一制度，始于隋、盛唐，成熟于北宋。北宋时期科举更加公平，庶族子弟可以通过科举步入仕途，参与甚至主导政治，北宋科举的及第仪式比隋、唐更加风光，而且及第即可授官，宠遇优渥，还特设了恩科，所以宋代读书人毕生以科举参政、光耀门庭为念，很多名士宦海沉浮，但是终怀治世报国之心。

陈思教授

北京故宫博物院藏张先《十咏图》卷

　　张先的《十咏图》卷现藏于北京故宫博物院，1995 年，故宫博物院以 1980 万的价格从民间拍回这件作品，徐邦达、启功、刘九庵等专家鉴定认为这件作品流传有序、风格气息醇古，时代属于北宋。虽然词人张先的传世画作仅此孤例，文献中也没有见到记载，可即便这件作品是张先委托画师所作，也不影响我们对作品主题和价值的探讨。《十咏图》的创作背景能够折射出北宋科举和政治文化，结合作品回望当时语境，有助于对其历史文化价值的研究，也可从绘画的角度体察北宋的社会与人文。

　　第一个要谈的问题是南园——一座"父以子贵"的山水私邸。张先是齐名柳永的北宋词坛大家，南园是张家的私家庭院。天圣八年（1030），张先与欧阳修同榜进士，当时晏殊是主考官。1064 年，张先退休后回到家中，翻阅父亲张维生前的诗作，选取十首代表作诗意绘成《十咏图》，通过山水园景和事件情境来因诗作画，同时将十首诗词题跋于画面之上，特别着意凸显张维一生的荣耀与志趣，以"传示子孙"。《十咏图》采用传统的平远式构图，作品开卷的画眼就是我们探讨的一个主要问题——南园六老会——德高望重的"六老"受当时太守马寻的邀请相聚于南园。画心这个位置有北宋孙觉的序文，拖尾有南宋陈振孙和元代颜尧焕、鲜于枢、脱脱木儿四人题跋。画上没有款识印章，但是著录于南宋周密的《齐东野语》、元赵孟頫的《松雪斋集》、清代的《石渠宝笈续编》和阮元的《石渠随笔》。南园六老会在郡志中并没有记载。直到 1250 年，陈振孙在修县志的时候见到《十咏图》，进行了考证和题跋。从他的跋文中我们可以知道，这个"六老会"表现的是庆历六年马寻在南园宴请当地六位富

贵寿考的名望乡贤。六个人里有三个人是退休的官员，有三个人有子弟在朝廷做官。陈振孙的题跋对这个事情进行了叙述，特别提到当时安定胡先生胡瑗正在教授湖学，参与并为之作序。这六个人，只有张维是没法考证的。直到他看到了《十咏图》，从孙觉的题跋考订张维是张先的父亲。熙宁五年，张先特请时任湖州知州的孙觉为《十咏图》在画心作序，这里边又提到，张维是赠的尚书刑部侍郎，因为"善教其子，至于有成"，但是张维本人"公不出仕，而以子封至正四品，亦可谓贵；不治职，而受禄养以终其身，亦可谓富；行年九十有一，可谓寿考"。张先当时已经是进士及第，所以赠他父亲四品官职。太守专门宴请六老，是对德高望重的人的官方的认同，地点设在了张家南园，可见对张维的特殊重视，但是张维属于寂寂无名，如陈振孙所言，"平生闻说张三影，十咏谁知有乃翁"。张维少年家贫，他一生没有做官，躬耕为业，是一个遇物发兴、吟咏自娱的人。但是他的儿子张先，通过科考得到高官厚禄，荣耀乡里，然后父以子贵，赐予他正四品的官职。刑部侍郎在宋朝前期是一个无职事的闲职，但是能够"受禄养以终其身"。在六老之中，张维年龄不是最长，职位不是最高，声名也不是最显赫，但是因为张先的成就和他的家产南园的风雅，太守宴请的时候设在了南园，所以张维在尊荣之上又格外的有一层尊荣。而张维在"十咏"诗中赞扬了太守马寻的政绩，同时也记录了自身的尊荣。张先后来绘制《十咏图》，客观上其实以他的影响推介了他父亲的诗文、尊荣和南园。就像学者洪再新指出的，《十咏图》通过描绘南园之景开创了"家产山水"的范例，它不仅成为吴兴地方文化的见证，而

且体现出追忆记咏往事、表现志趣的目的。

第二个问题就是北宋科举和地方兴学。宋朝特别重视科举取士与学校养士相结合，晏殊和胡瑗都是北宋兴学的重要推动者，宋初的学校教育和科考是脱节的，州县几乎没有兴学。天圣五年，晏殊开始兴应天府学，开启了北宋第一次兴学的高潮。庆历四年，范仲淹开启兴学的第二次高潮。景祐三年，在范仲淹的引荐下，当时的布衣胡瑗觐见宋仁宗，然后破例被提拔为校书郎官。这里我们注意三个人：第一个人晏殊，他是张先的主考官，主考官和门生有一种密切政治关联。唐代，应举人称主考官为座主，然后自称门生。宋代，所有的举人都称为天子门生。即便如此，北宋时门生还是老师的重要追随者，而且在党争派系利益之外，通常都是以师生同乡来划分阵营的。第二个人胡瑗，他是在庆历二年时，应湖州太守滕宗谅之邀，到地方任主讲的教授，而且在此间创立了湖学。庆历六年，胡瑗参加了南园六老会，而且赋诗作序，并刻于南园。这代表着对以张维为代表的乡贤教子有方的推崇。第三个人是孙觉，这个人身份比较特殊，他是胡瑗的学生，是苏轼的好朋友，也是黄庭坚的岳父。熙宁五年，张先到湖州做地方官，孙觉为《十咏图》作了题跋。我们可以看到这样的一个关系：马寻作为当时的太守，引导胡瑗到张维的南园参与南园六老会，并为之作序；胡瑗的学生孙觉主政湖州，又应张先之请为《十咏图》题跋，可见两位吴兴地方官都参与和见证了张家的荣耀。所以，《十咏图》可以说是继张先科举出仕后，张家回望和传递门庭光耀的重要载体。

第三个问题，谈一下《十咏图》是一个诗画结合的先行典范。目前可见，北宋存世的因诗作画、以诗题画最早的作品是《十咏图》，作品主要取材于张维的诗《太守马大卿会六老于南园》。往上溯源，传为唐代卢鸿的《草堂十志图》也是一个实景构成的庭院山水，而且当时卢鸿也是在山中讲学；此后即是《十咏图》，它影响到了苏轼的"诗画结合"的绘画主张。熙宁四年，苏轼和张先在杭州结为忘年之交，熙宁七年，二人一起吟咏酬唱，张先作《六客词》和《定风波令》。后来张先去世之后，苏轼在徐州为文遥祭，元祐五年又作诗集题跋，表达眷怀之情，元祐六年又作《定风波》，追怀前事。后来作"雪溪六客会"，"雪溪六客会"可以说与南园六老会有一种情思的渊源。所以日本学者村上哲见认为，词中唱和之风，始于张先，影响到苏轼。

作为结语，我想引用张维的"恩辉遂喜及桑榆"概括，《十咏图》是北宋科举制度下"父以子贵"的一个图像注脚。若不是张先通过科考致仕，躬耕诗人张维就不会

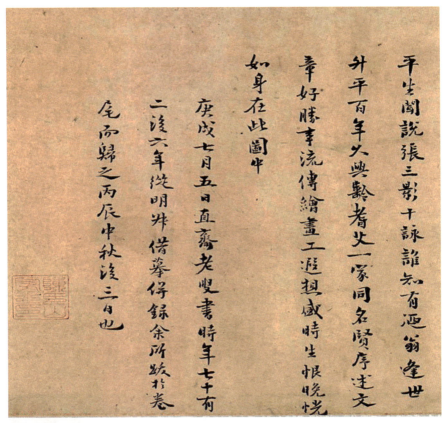

平生聞說張三影 十詠誰知有酒翁逢世

升平百年火與齡者火一家同名賢序迷文

章好勝事流傳繪畫工遐想盛時生恨晚悅

如身在此圖中

庚戌七月五日直齋老燮書時年七十有

二後六年絳明非借摹傳録余所跋於卷

尾而歸之丙辰中秋後三日也

陈振孙跋

被赐封正四品，更没有南园的家业和晚年六老会的福寿尊荣。若不是张先绘制《十咏图》，并委托新任地方官孙觉作序，我们也无法从陈振孙的考证和周密的著录中得知南园六老会和张维其人。《十咏图》超越了张先"传示子孙"的绘画初衷，图卷不仅折射北宋兴学、科举、官制等社会背景，而且也能映衬出党争、贬谪和交游中的政治文化。当然，它在诗画关系的研究中也有着重要价值。

在此衷心感谢央美、人文学院和会务组，让我们以这样的方式怀念和致敬金先生。同时感谢各位前辈、各位师友，汇报不当之处，敬请批评指正，谢谢。

乌力吉：感谢陈思的精彩演讲。下一位上场演讲的是四川大学艺术学院的韩刚教授，他的演讲题目是《明以前谢赫〈画品〉版本著录与引用考略》。

明以前谢赫《画品》版本著录与引用考略

四川大学　韩刚

韩刚： 大家好，我是金先生 2004 年的博士研究生，于 2007 年毕业。我的题目也可以说是沿着金先生指的道路往前面走。因为金先生有这么一种学问，就是对古籍版本的深入探讨和收藏。昨天我也去图书馆看了那个展览，里面有很多古籍，我想展出的可能只是极少的一部分。

金先生实际上在学术界是比较早的讨论谢赫的《古画品录》版本跟思想的学者。谢巍的《中国画学著作考录·古画品录》一卷共举 28 个版本，有助于我们按图索骥。近几年有一个年轻学者叫王汉，他做了一篇文章叫《〈古画品录〉版本源流考》。他又对谢巍先生所举 28 种版本中前 24 种版本逐一进行论述，更加深了认识。

韩刚教授

我在前一段时间也写了一篇文章，就是《谢赫〈画品〉成书及早期版本流传考略》。有一个主要的观点：现在的《历代名画记》本《画品》，我认为是谢赫的初稿本；所谓的今本就是我们现在大家一般能看到的这个本子，它是定稿本。

虽然有这些前期的研究，但是我觉得关于《画品》还有很多版本的内容没有涉及。所以今天我想把剩下的这些资料在这个地方进行一番排比，跟大家一起分享。

按照时间顺序来看，第一个本子就是姚最、李嗣真所见的《画品》版本。当然，现在这个本子的全本已经不传了，只是有些引用，比如姚最的《续画品》，还有唐李嗣真的《续画品录》里面均有引用。我们看这两个版本，这两段话的第一个共同特点，都是把荀、卫放在篇首，第二个特点是都把顾恺之列于下品。而我们现在能看到的今本跟《名画记》本，是把顾恺之列于第三品第二人，也就是全书排名第十，跟我们现在所熟知的这两个比较全的本子是不一样的。

第二个本子就是《建康实录》所引的本子，《建康实录》是唐许嵩写的一本书，这个本子的全本也已经不传，但是在《建康实录》卷八《顾恺之》中有引用。这个本子也有学者关注。第一个关注的就是《历代名画记》，也就是张彦远。我们现在所知，《历代名画记》里面实际上引用了谢赫《画品》的两个本子，一个本子是我们现在能看到的，另外一个本子则经常被我们忽略，就是刚才的这一段话。《四库全书总目》也注意到这个问题，但是没有质疑，到民国的时候，史岩先生的文章中认识到这个问题，并且他认为《建康实录》所引那个本子甚至比《历代名画记》所引的那个还要好。日本学者冈村繁在他的书当中开始怀疑了，他认为《建康实录》采用的是哪一个本子的《古画品录》是有疑问的，因为他开始注意到《历代名画记》引用了两个本子。袁有根先生在他的文章当中也注意到这个问题，但是他认为是许嵩篡改了我们现在所熟知的这个本子的文字。但是我看了一下，他给出的理由并不充分。以上就是关于这个本子的学术界的研究。下面两本书的引用，我觉得应该是出于这个本子的。一个是李昉等编的《太平广记》中有两处引用，一个是曹不兴的引用，一个是袁蒨的引用。这个引文我不念了，它是写得比较详细的。另外一个是宋代李诫在《营造法式》当中引了谢赫的《画品》，这一大段话也应该是出于《建康实录》所引的这个本子。原因是什么呢？我认为这几则材料都是出自《建康实录》所引本，是因为这几则材料全为细腻周详之记事，不同于《名画记》本、今本以简略评论为主。按照较为抽象的理论评论一般出于对事实之概括的认知规律，可以推测这个本子应该在《名画记》本和今本之前。

第三个要谈的本子就是《名画记》本，该本随《名画记》流传至今，接近全本，《名画记》本引了这个本子以后，历代都在引用。很多都是直接引自《历代名画记》的，比如北宋郭若虚的《图画见闻志》，因为这本书是《历代名画记》的续篇，所以说它是直接抄的《历代名画记》所引的这个本子。然后，宋代沈括的《梦溪笔谈》卷十七《书画》有引用，北宋末阮阅的《诗话总龟》卷六也有引用。还有北宋政和年间编《宋秘书省续编到四库阙书目》，宋郑樵的《通志二十略·艺文略第七》等，把引用书名标得很清楚，它的书名叫《古今画品》，里面有 28 个人。我们当代的很多学者，包括金先生，首先提出说《历代名画记》那个本子是 28 个人，金先生早就注意到了书名《古今画品》、28 个人等信息。故可以知道，凡是标明书名叫《古今画品》的，应该都是出于这个本子。然后，在北宋末的《宣和画谱》当中，元末明初夏文彦的《图绘宝鉴》卷一，明唐志契的《绘事微言》，明王世贞都有对这个张彦远征引本的引用。

第四个本子就是宋代曾慥的《类说》征引本。《类说》相当于类书，《四库全书总目》对它的评价比较高，说它"每书虽经节录，其存于今者以原本相校，未尝改窜一词"。也就说它是引得比较客观的。这里面就有对《画品》的引用，一共引了五六条。我不念那个文字了。最后这一条可能是有问题的，因为《画品》不可能出现吴道子的内容。这个地方说"吾尝与吴户曹道子论画"，说吴道子是张僧繇的后身，这一段可能不是《画品》的原文。

第五个本子就是今本。也就是现在我们每个人基本上都能看到的、市面上大量流通的这个本子。它比较好的本子有《王氏画苑》本、《津逮秘书》本、《四库全书》本，这是一个系统。这个本子，据我考察，它的最早征引信息应该是出自五代荆浩的《笔法记》，然后，北宋黄休复的《益州名画录》，南宋葛立方的《韵语阳秋》，明初王绂的《书画传习录》，明代张丑的《清河书画舫》都对这个本子有引用。谢巍所列举的 28 个本子当中，绝大多数都是这个本子。它在各个时代的流传都是一个系统，传播得非常广泛，也是现在为止最全面的一个本子。

第六个本子就是南宋晁公武所见的《画品》本，该本全本已经不传。晁公武在书里对这个本子有简短的描述，说是"言画有六法，分四品"。我们知道，在古代的话，画分四品这种情况是比较少见的，更不要说在谢赫的时代了。这种观点在元代马端临的《文献通考》中有引用："晁氏曰：南齐谢赫撰。言画有六法，分四品。"故这个本子应该是比较奇怪的，所以《四库全书总目》有一个这样的怀疑："盖《读书志》

古籍展览

传写之讹。"

然后就是元代的《说郛》本。《说郛》是陶宗仪编的。这个本子所用的宛委山堂本《画品》，它有一个最大的特点就是没有序，没有"画有六法"前面那一段话，还有些地方看不清楚。另外还有两处不同，一是丁光条，一是王微、史道硕条，有两个字是不一样的。

有一个结论，就是现在我们所知明代中前期以前曾经流传的谢赫的《画品》大概有七种稿本，一是姚最、李嗣真所见本，二是《建康实录》征引本，三是《名画记》本，四是宋曾慥的《类说》征引本，五是今本，六是晁公武所见本，七是《说郛》本。第一、二、四、六种稿本留存信息非常少，我基本上都把它摘出来了，难以判断成书的具体情况。第六种稿本可能是伪托或晁公武传写讹误。这四种稿本有待进一步厘清。

第三种稿本也就是《名画记》本，留存的信息较多，很多信息与今本是比较一致的，但还是有巨大的不同。我刚才所讲的文章（现在还没有发表）仔细对比了《名画记》本跟今本的差异，有一个初步的结论就是，《名画记》本应该是谢赫的初稿本，今本应该是谢赫的定稿本。也就是第三、第五种稿本流传信息最多。又以第五种最为完整，也就是今本。详细对比可见，第三种《名画记》本当在前，第五种今本是在《名画记》本基础上的修订本，可称定稿本。现在流传的，也就是说，明代《王氏画苑》本以后，基本上我们所知道的本子，都是这个系统，都是今本系统。《名画记》本是随《历代名画记》一起流传的，它的流传情况我刚才已经说了。

那么接下来需要讨论的问题就是，这个本子在前人看来实际上都归入伪托，好像只要跟今本不一样的都是伪托，实际上情况没有这么简单。我们知道，古人，特别是在六朝的时候，人们写书的话，一般是一本书就是一封信，有可能写了就传播出去。但是，在他们长期的人生当中，一般会对他已经传播出去的手稿进行修正，每修正一次可能都会传播出去。

这就是为什么唐宋以前没有人说，甚至元代以前没有人说，他所传播的这个本子是伪托。说伪托的基本上是在《四库全书》以后。所以说这里面的问题还是比较复杂，今天我只是在这个地方分享一下我的一个初步的思考的结果，以此来纪念我尊敬的金先生。

好，谢谢大家。

乌力吉： 感谢韩刚教授。第四位演讲者是中央文史研究馆研究中心的研究员吴秋野先生，题目是《古代书画鉴定方法的传承及发展》。

古代书画鉴定方法的传承及发展

中央文史研究馆研究中心　吴秋野

吴秋野： 非常感谢老师和同学们能给我这样一个机会。可能是因为工作的原因，我目前其实已经离开了美术史的研究，近十年来很少有在美术史的会议上发言的机会。我对这次发言的机会的珍视程度，老师和同学们可能不太理解。非常感谢。

我这次发言的内容实际上是金先生带我做的一个课题，即中国美术史研究中比较重要的基础问题——书画鉴定方法的传承与发展。我只是把我学习书画鉴定的一些想法，在这十年中又沉淀了一下，今天给大家提出来。这不能算是成果，只是提出了一些问题。

实际上昨天张鹏老师已经把作为学科的古代书画鉴定这个问题，从学科建设的角

吴秋野研究员

度谈得很多了。然后其他老师，像罗老师、邵军老师、熊老师，几位老师也从相关的学科对书画鉴定方法论的影响及方法论提供的途径上谈了很多。所以我今天拿到这个课题诚惶诚恐，因为这是作为美术史一个非常基础的学科，也是一个非常重要的学科。我们的前代人，我们的先辈，我们的先生们，做了很多很多。作为晚辈，我是没有资格来总结这个问题的。我今天也不是总结这个问题，我只是提出书画鉴定学科建设的一些问题和想法。可能有些想法比较唐突，好在下面有诸位老师给我把关。以后有许多问题，我们可以进一步地去探讨。

实际上，一部中国美术史，一部中国书画史，也是一部中国书画的伪造史、伪制史。在中国书画的作品遗存中，真品就是伴随着伪品共生的。书画鉴定对中国美术史建设的重要意义，首先就体现在如何确立基础图像库的问题上。准确的鉴定是确立基础图像库的有效途径。所以中国古代书画鉴定在中国美术史的这一大的学科体系中是很基础性的，也是很重要的。

在古代书画鉴定上，我们金先生做了很多。昨天诸位老师提到的，包括我们日常阅读的金先生的文章，我在这里就不多说了。我现在根据老师的想法，提出几个问题，诸位老师和同学看看是否合适？我说到的金先生这些想法，是不是比较符合金先生的本义？

比如说，涉及到中国书画鉴定，首先就涉及到什么是美术史中的书画真品，什么是书画市场中的书画真品。它们实际上是有区别又有联系的。古代书画史，本身就伴随着一部伪制史，古代书画的复制、伪制的情况非常复杂。金先生认为，如果一件作品能大致地体现原作面貌，或者大致接近于它的原作者的风格，能提供画家及其所处时代的基本的绘画风格与绘画的信息，就具有了美术史上真品的意义，就可以参与美术史的书写。在论及现存归名于周昉的绘画作品时，金先生论述说，这几件绘画作品与出土文物风格相符合，作品年代的材料符合当时的年代，基本可以认定与周昉绘画的关系。也就是说，先生肯定作品体现周昉及其时代绘画面貌的价值，即史的价值。类似这样的结论金先生还做过一些，我就不多提了。

金先生是这样理解美术史上作品的真伪问题的，也正是从他的这个想法出发，我进一步展开了我的美术史学习。这是第一个问题。

第二个问题就要谈到传统的书画鉴定的一些方法。

首先就是眼学。眼学可以说是中国最典型的国学学科之一。西方人不太理解眼学，甚至会问，眼学真的存在吗？我们中国学人知道，眼学不仅存在，而且是书画鉴定非常有效的方法。一个人对古代文化的综合素养，对书画的审美技术体悟，在书画实践中的一些体验，都可以体现在眼学当中。当然眼学也有很多科学解释不了的方面。比如主观性，比如你所理解的赵孟頫，就是真的赵孟頫吗？可能一百个人来临赵孟頫，有一百个赵孟頫，一千个人来临赵孟頫，有一千个赵孟頫。难道就以你对赵孟頫的理解，来判断你面前的这件作品是否是赵孟頫的吗？但是综合眼学确实是中国一个非常重要的学科，它体现的是一个学者综合的、全方位的对古代文化，特别是书画艺术的把握程度和能力，还有整个总体的学识。

其次是书斋学、文献学。这个基本上都是属于文献类的了，这个我就不多解释。考古成果，风格对比也常常是书画鉴定的重要参照。

第四就是通过名物制度及款识、装裱等书画作品信息的认读来鉴定书画。这样的鉴定方法古而有之。二十世纪五十年代、六十年代以后，谢稚柳先生等几位大家特别注重一些辅助性信息对书画鉴定的辅助作用。西方也广泛运用这些方法。西方人对于一件古代书画作品上的款识、题跋、印识的识别是非常认真的，是一个字一个字都要把它识出来的。我在弗利尔游学的时候，一个字认不出，老师都不允许。在海德堡大学跟雷德侯老师做董其昌课题的时候，老师对这方面的要求更严格，一段题跋中哪怕有一个字认不准，那这一段就不能用，因为这意味着中间有些信息就不确切。所以实际上对于款识等辅助型材料的使用，西方人比我们更加重视，这也体现了西方在古代书画鉴定中的方法倾向。

这些方法都是有道理的，它们的优势不言而喻。最后，我想重点谈一下现代科技对于书画鉴定方法提供的新的可能。随着科技手段的不断丰富，对于古代书画鉴定的一些新的科技方法也产生了，有物理学的方法，有化学的方法。这些方法已经在西方得到广泛的使用。有的前辈先生们对这些方法有顾虑，他们的想法也是对的，因为一些科技方法，如光学的方法，可能对书画本身有损害作用，再如一些物理、化学的方法，都需要有损性取样。但可喜的是，随着科技的发展，这些技术手段对书画的损害也越来越小了，基本可以实现无损鉴定。

我提醒大家注意一篇文献，就是薛永年先生上世纪九十年代发表的一篇文章《20世纪古书画鉴定名家方法论》。这篇文章把二十世纪，也就是现当代9位著名书画鉴定名家的方法做了基本的梳理，从各专家成才道路的角度，将这9位专家及其鉴定方法分为四类：第一类是出身于书画收藏家或书画市场从业者的专家；第二类是出身于画家而兼学者的书画鉴定家，其后因工作变动或兼事鉴定与创作；第三类是出身于工书擅画的学人或博通文史的文化人，后来才成为著名的大学教授和在文博界享有盛誉的鉴定专家；第四类是出身于接受艺术史教育的学者型书画鉴定家。薛先生在这样的总结中，实际上也梳理出这四类鉴定家进入书画鉴定的途径，同时也相应地提出了四点启示。其一，致力于一体两端，即以鉴别真伪意义上的书画鉴定之学为基础，知伪求真。其二是把握两种"资源"，书画作品和文献。其三是掌握三种方法取向，艺术风格比较、流传过程考定及名物制度验证。其四是注意四大参照系，美术史、考古学、西方美术品鉴定研究和新科技手段。这篇文章不仅说明了当下国内书画鉴定的方法谱系，也展示出在书画鉴定中综合性方法所取得的成就。

我跟着金先生学了几年书画鉴定，我觉得先生所做的书画鉴定的方法，实际上就是综合性的方法。先生对基础的信息的把握和敏感度非常高，他对基础信息的要求程度也非常高。比如像我在弗利尔的时候，每次把弗利尔提供的书画作品基础信息拿回来的时候，先生都会马上认认真真地去读，连外文的资料也不回避，说明金先生在做鉴定研究时，对科技的手段是关注并认可的。

这些科技的手段提供了书画作品的材料和年代的最基本翔实的信息，它可能比我们的眼学和其他的方法，更具有科学价值。同时也要关注各种文献。每一件书画作品的相关文献的收集都要仔细全面。在阅读文献时，先生特别强调要去伪存真。因为文献史实际上也是一部伪制史，文献的发展史也是一部文献的不断伪造的历史。所以对文献的去伪存真很重要，而这个过程是非常复杂的，甄别文献的过程本身就是书画鉴定的一个步骤。科技手段的检测信息，只有配合可靠的文献辅助，才能体现作品所在年代、流派乃至作者的真实信息。

金先生总是提醒我要对科技检测获得的信息和文献信息以及书画作品本身的题跋、收藏、流传信息做综合整理，要通过综合整理，来分析每一件作品。实际上，每一件书画作品的鉴定都像给一位病人看病，或者像一件案子的案情分析。每一件作品的鉴定都有自己的独立方法，法无定法。每一件作品都要从自己的作品的实际出发，来找到切实的鉴定的途径。我举两个小小的例子，用简短的时间讲讲先生是怎么带着我做鉴定工作的。

现在屏幕上显示的是弗利尔美术馆藏的《长江万里图》。对它基本的材料信息的研究与整理，美国人已经做得非常好了。他们通过光学与物理学的仪器，测得这件作品的纸、裱绢和纸张间粘合剂的年代大致在北宋末期到南宋之间，这个年代的110年。它的装裱材料也是一种皇家用的织物（对这个结论，尚有专家存疑）。他们将材料数据说明得非常翔实。我当时把那些数据拿回来给金先生看的时候，金先生马上把这件作品鉴定为两宋之间，这个年代就确定了。

那么这是一件什么样的作品呢？先生做了非常详细的考察。最后从这件作品上标识的地名突破，对它做出了综合判断。这件作品的每一个地点、每一个山峰都标注了名称，使用的是红色的、宋代官方户口簿所使用的那种楷书字体。先生带着我考察了这些地点名称出现的时代，最后确定这件作品是孝宗时期的一件军用地图。因为这里面有几处孝宗时代才出现的军用堡垒建筑。所以通过这个方面，就鉴定了这件书画作品的最后的年代。这是先生带我做的一个实例。

下面一件实例是金先生带我做的《朝元仙仗图》的鉴定。学界普遍认为它是北宋武宗元的作品，与之相关的《八十七神仙卷》被认为是唐吴道子的作品。先生带着我做《朝元仙仗图》的鉴定时，注意它是一系列作品中的一件，技法、内容与之相关的还有《八十七神仙卷》、晋祠壁画等作品。而《朝元仙仗图》（原件藏在美国私人手里）的特别之处，就是所绘的每一位神仙，都标注了名称称谓。通过分析这些神仙名称称谓出现的时代，以及这些称谓和画面神仙位次所体现出的神祇之间的关系，发现这件作品应该与全真教有关。先生认为它是宋元间全真教神系图谱。我个人认为这是有一定的道理的。这只是先生鉴定书画的两个实例。它们都是通过综合性鉴定方法完成的。即，面对一件要鉴定的书画作品，先以科技手段确定材料信息，然后征求各方面与之相关的文献信息，再结合画面文本上的款识、题跋、印章等辅助信息，对作品进行综合分析整理，以期得到较为可靠的鉴定成果。

金老师常常说，每一件作品的鉴定都有其独特的办法。就像一个侦探在破案一样，金先生的这种治学精神得到了雷德侯老师等多位世界级学者的高度认可。

我特别想说的是，古代书画鉴定对现代美术史建设的意义。昨天诸位老师也都提到过，特别是罗老师提到过，说中国美术史是史论、鉴赏相结合的。也就是说，一部传统的中国美术史，是将史的分析梳理、作品的评鉴及美学批评甚至是美学思想的建设融汇在一起的。

典型的就像董其昌的"南北宗"论。可以说，"南北宗"论在中国文人书画的美

弗利尔美术馆藏《长江万里图》（局部）

私人收藏《朝元仙仗图》（局部）

学建设上作出了不可磨灭的贡献。但是同时为了建立这种美学思想，董其昌也把文人书画史搞得很混乱。我们可以看到，董其昌所提供的王维作品、董源作品，还有包括后来的米点山水的作品，都是不确切的。跟随雷德侯老师做了几年董其昌研究后，我还发现董其昌也是一个作伪大家，可正是"南北宗"论确立了中国文人书画美学的一个高峰。这是董其昌的贡献，但同时他把中国绘画史搞乱了，也给后人留下了很多疑惑。我们中国美术史的建设是早于西方的。我们总说美术史最早发生在德国，实际上早在明末，董其昌已经建立了一部非常完备的中国美术史了。这部美术史有基础的图像库，有史的梳理，有美学批评，这就是完整的美术史的框架了。只不过董其昌的这部美术史，以美学思想建设为统领。在美学思想建设统领下，作品图像库以及史的梳理都被变形了。或者用雷德侯老师的话来说，都染了颜色，董其昌染色（had coloured）了这部美术史。

那么我们现在重新回到书画作品文本的原点，重新进行作品文本的梳理，对于古代遗留给我们的作品进行认真的、仔细的鉴定，我们会发现一部与董其昌留给我们的美术史不一样的美术史。这是一个非常有趣的问题，鉴定学对于建立现代美术学的基础图像库的重要意义就在于这里。现代美术史的建立，最基础的工作就是美术史的基准作品图像库的建立。我想这也是发展古代书画鉴定学的一个非常重要的意义吧。

我非常感谢大家在这里给我这个发言机会。因为机会难得，我就提一个小小的希望，我多么希望在我的母校能够建立一个世界级的，拥有最前沿科技鉴定手段，同时又具备传统鉴定力量的古代书画鉴定实验室。现在，国内外各种鉴定机构不断兴起。但是能够把握最新科学技术又具有深厚的传统学养的机构还是不多。如果我们母校有这样一个实验室，我们在应用作品的基础材料数据时，就不用到法兰克福，不用到华盛顿了，是不是？谢谢大家。

评议与提问

乌力吉：我们请中国社会科学院古代史研究所的刘中玉副研究员点评，大家欢迎。

刘中玉：各位老师、同学们好。因为前面几位都是我的学长，我是 2007 年入学的，所以谈不上评议，我只能谈一下听后感。

先说徐涛老师的"四家样"。其实我刚入学的时候，就听说徐涛老师在做"四家样"，因为当时我们两个都是在职的，所以中间很少有机会交流。"四家样"问题我觉得应该是跟敦煌学一起兴起的，因为敦煌学最初并没有把绘画这一部分纳入研究中来。直到 1935 年向达先生去法国找敦煌文献写本，然后 1937 年又去德国看壁画写本。到二十世纪四十年代初，他又组织了一个考古队到西北去考察。

刘中玉副研究员

在这个基础上，他就开始提出要把绘画和粉本的传承和制度跟敦煌研究结合起来。徐涛老师因为在"四家样"这个研究上面已经进入了十几年，所以他对学术史做了很好的梳理。

陈思老师为《十咏图》提供了一个非常好的分析案例。我是觉得她抓住了一个非常好的点，这个点就是桑榆之情。因为这个图是在熙宁五年的时候，也就是张先82岁的时候创作的，其目的是回忆他的父亲。她也谈到政治和科举的关联。这实际上是跟当时的北宋政局有极大的关联，当时正是王安石变法最激烈的时候，像她提到的苏轼，还有孙觉，他们都是从朝廷中被王安石贬出来的。他们之所以能够到江南，到苏杭，跟王安石变法有很大关系，所以才会跟张先产生一个交集。他们之间其实有一个很好的情怀，我觉得扩充一下会更好，追往感怀。一是追往，就是他们在追忆张维，也就是张先的父亲。他们生活在神宗之前的那个年代，认为那个年代很好，是晏殊还有张先他们交往的年代。到后来因为王安石变法，这一段时间比较乱，苏轼、孙觉他们又有很多的感慨。所以如果能把这个再更好地融合一下，我觉得会更好。

再说韩刚老师，他做的版本的问题。因为版本学也是历史研究中一个很重要的话题，这牵扯到文献的真伪问题，还有怎么使用文献的问题。韩刚老师提到，《画品》

研讨会评议现场

流传过程中，特别是到了宋代的时候，很多文献实际上都在宋代有记载，但是宋代以后就消失了，比如《太平广记》。你提到《太平广记》的记载，其实与《太平广记》同一批的在南朝的很多的文献，当时都没有了，比如说万震的《异物志》。我们现在找文献的时候，也只能从宋代文献里面去梳理。所以这实际上就相当于，一个人的学术观点，在不同的场合都有不同的表达，那么在流传过程中间，也就会出现不同的版本。由于韩刚老师他是一直在做这个问题，包括结合汉梵问题，因此他在版本研究上面就做了一个很好的示范。

吴秋野谈的这个问题，正好也是我最近比较关心的一个问题，也就是美术史怎么与作品来结合的问题。因为在美术史传播过程中间，有很多的伪作，我们怎么去判定这个伪作之于美术史的价值？像明清时期比较盛行的苏州片，它大部分作品都是伪作。但这伪作有没有价值？它肯定有价值，而且有很多是历史方面的价值。我最近在做辽博藏的一个作品，专门去它库房看了一下。因为这个作品对于研究明代的政治变迁以及对外关系是非常有价值的。但当年杨仁恺先生就把它鉴定为伪作，它确确实实是伪作，但是伪作它也有时代意义，有时代价值。

乌力吉：谢谢刘中玉的精彩点评，下面有五分钟时间，看看在座的专家、同学有什么问题。

提问：我想问韩刚老师一个问题，就是这几个版本之间，它们在选用材料的时候有一些删减。我的问题是，这个删减会不会跟这个版本，用这个材料的人，他的思维

学生提问

变化有关？或者说他的一些思维方式影响到里面，导致他觉得那个材料应该要删减？因为最近看到有很多，比如像《赵至传》，《世说新语》和后来的《晋书》里面，就会有一些删减，《世说新语》是因为明白其身份是士家，不能提，因为提的话，不符合当时的情况。后来像《历代名画记》也好，或者《太平广记》也好，它们在使用材料的时候的一个选择，是不是蕴含了编撰人的一种思考在里面？谢谢。

韩刚： 其实版本在流传过程当中，每个时代它都有变化。要完全说个体在引用的时候没有删减改变，是不符合实际的。我们看余嘉锡这本书讲得比较清楚。他说在魏晋南北朝以前，人们引书的时候，很多时候是意引，即单把意思引出来就行了，它不是每一个文字都会去严格对应的。但是后来，人们逐渐形成一种比较严格的学术引用规范。特别是在清代乾嘉以后，这种规范越来越严格。但是总的来说，古代没有现在严格。现在写学术论文必须要全引。总的情况是这样。通过我去仔细比对，举个例，张彦远的《历代名画记》里面虽引用了两个本子的《画品》，但是他并没有说明他还引了另外一个本子的《画品》。而张彦远自己在《历代名画记》里面说得很清楚，他引用的时候非常注重版本、善本与校勘。既然他这么说了，他引用的时候应该不会去擅自或随意改动古书的内容。这个也跟余嘉锡说的，魏晋以后人们引书的时候，一般不是意引，而是比较严格的照原文引用符合。

这里面的版本内容在流传过程当中，就像我刚才放的PPT一样的，在宋代曾慥的《类说》里，第六条确实有问题，谢赫不可能去写这种（吴道玄）内容进去，因为是后来才发生的。唯一可能的解释就是《画品》的版本流传到他那个时代的时候，有人掺入了后世的信息，他没有加以鉴别。所以这个引用是不是原文，有没有加入引用者自己的意思，要根据它时代的不同去深入地进一步辨别。

乌力吉： 因为已经超出预定时间很多了，如果各位有什么交流的话之后再交流。下面的环节是闭幕式环节，我们有请人文学院副书记于润生先生。

大会总结

于润生：现在进行研讨会的最后一项，有请中央美术学院罗世平教授做大会总结。

罗世平：根据本次纪念会的议程，闭幕式安排我讲几句话，借这个机会谈几点感受。

这次纪念金维诺先生的美术教育和学术成就的研讨会，是在人文学院领导的大力促成下开展的，得益于此才有了我们这两天各位师长、学者的相聚，使我们共同缅怀、回顾了金先生创立美术史学科的过程以及金先生的学术成就。

两天的活动分成三个单元。在开幕式上，中央美术学院范迪安院长在致辞中深情回顾了金维诺先生在创建中国第一个美术史学科、系统规划美术史教学课程体系方面所作出的历史性贡献，对于金先生在中国画学史、书画鉴定、美术考古、敦煌学、藏学等多个领域取得的开拓性成就给予了高度评价。在随后的追思环节中，与金先生共同执教美术史系的诸位先生，曾受聘来美术史系讲授美术考古、书画鉴定、文史哲等方面的专家学者以及毕业于美术史系的各届学生代表，围绕金维诺先生为师、为学以及美术史学科建设等多个方面进行追思缅怀，对于我们后学来说是一次再学习的机会。在第二个单元，受教于金维诺先生的各位学子，分别介绍了金维诺先生的治学领域和学术成就，各位发言者在感怀先生教益的同时，真诚地表达了对金先生学术人生的敬仰之情。第三单元是学术论坛。这个单元是以金先生培养指导的博士生为主，论坛上报告的论文都是近年的最新研究成果，通过交流，呈现出学术的薪火相传。

这三个单元较全面地呈现了中国第一个美术史学科筚路蓝缕的创建过程。金维诺先生是中国美术史学的主要创建人之一，为现代中国美术史学科体系建设作出了历史性的贡献。

参加本次追思纪念活动的来宾，年龄层次不同，学术角度和研究方法多样，展开的学术层面具有开放性，提出了不少具有学理价值的理论见解，归纳起来有以下几个方面。

从金维诺先生创建美术史学科体系的过程，到金先生从事美术史教学和学术研究，前后65年的时间，经历了美术史学科最初的起步，中途的调整，二十世纪七十年代后期恢复招生，教学研究全面走向正轨，同期《美术研究》《世界美术》杂志的创办，美术史学科在金先生主持期间，广泛团结本系教师，凝聚国内外学术力量，为中国的美术史教育呕心沥血，才有了今天的学科局面。正如杨泓先生发言中特别提到二十世

中央美术学院人文学院于润生副书记主持闭幕式　　　中央美术学院罗世平教授做大会总结

纪五六十年代美术史专业初创时的情形，当时的条件是在中国既无先例，又无国外资讯可以借鉴，建立美术史学科的难度之大是可想而知的。在中央美术学院美术史系建立过程中因有王逊先生、金维诺先生的主导，有共同参与美术史学科建设的一批先生们的坚持，尤其是在王逊先生被划成右派以后，金维诺先生更多承担起了这一历史性的重任，中国高等教育目录中才有了第一个美术史专业学科。

　　回望美术史学科发展的历史过程，金维诺先生对美术史学科的突出贡献集中表现在两个方面。其一，他是美术史学科的开拓者。人文学院纪念王逊先生百年的活动，以"奠基"为主题词，概括了王逊先生对于美术史学科初创的奠基之功。关于金维诺先生在美术史学科建设上的贡献，以"开拓"作为主题词当是贴切的。在金先生长期主持美术史系工作期间，他不负历史使命，充实完善了美术史的学科定位、课程设置，制定了本、硕、博三级人才的培养目标，构建起现代美术史的学科规范，其开拓之功令人仰戴。

　　金先生长期主持美术史论的教学和管理工作，他是中央美术学院的第一批博导，对于教学和培养学生，先生谦称自己是"摆渡人"。我作为金先生的学生对这点体会尤其真切。金先生在教书育人、培养学生方面，几十年如一日，把学生当成自己的子女，言传身教，毫无保留。从先生的身上我领会到的是为人师范的人格力量。孟子曾言说人格的真、善、美、大："充实之谓美，充实而有光辉之谓大。"金先生的学术人生是充实的，同样是有光辉的。解释一下，孟子所谓的"大"，有"大人相"的意思，是说大人会以充实的生命之光照亮他人前行的路。作为金先生的学生，我们有幸得入师门，时时聆听先生的教诲。以先生为师范，努力为美术史事业尽自己的一份绵薄之力。在第三单元学术研讨会的发言中，在座的都会感受到金先生的为学、为师的光照。如果用一句话概括，金先生度过了充实而有光辉的人生，对于美术史学科，他是开拓者，而对于培养美术史人才，他是学术摆渡人。

金维诺先生治学，以我的理解，有两大特色：其一，历史观；其二，方法论。先说历史观，这对于从事美术史研究的学者来说，是首要的。金先生的学术研究，史观最受重视。要很好地把握住美术史上的纷繁现象，找出其中的历史动因和条件，去伪存真，首要的是研究者的历史观。即如唐朝人刘知幾在《史通》一书中所说的"史识"，指的就是治史者的见地和是非判断，也就是常说的透过现象看本质，拨开纷繁，还原本体。金先生有关敦煌石窟艺术的系列论述，主线始终围绕敦煌壁画彩塑的创造者展开讨论，因此总能透过敦煌文书、碑刻题记、石窟壁画彩塑等种种现象，洞见敦煌艺术创作的动力源泉。人民是艺术的创造者，但凡读过金先生的敦煌著述，大概都会有此共识。金先生美术史观的第二要义，是关注多民族美术在文明进程中的互动关系。他从二十世纪五十年代研究敦煌，二十世纪七十年代研究新疆石窟，又于70岁高龄进西藏考察，将传统绘画史单向度的研究拓展到中华多民族交流互动的文明进程中加以整体观察，从而构建起中国美术史多民族文明互鉴的体系。这样的历史观第一次将美术发展纳入中华文明的整体观照中，美术史的学术价值和意义在高度和广度上得到全面提升。

金先生治学的方法论，归纳起来有三点：其一，史与论结合，论从史出；其二，文献与作品的结合，言而有据；其三，艺术他律与本体自律的相互照应。在本次纪念活动的各环节中与会者分别对于金先生的学术成就作了详细的阐述。通过回顾，我们重温了金先生对于美术史方法论的重视和治学的特色，同时也为后继者提供了治学的指向。

感谢金维诺先生这代前辈学者，为美术史学科的创建筚路蓝缕，建立起一个具有中国特色的美术史学科。我代表金维诺先生门下的弟子们，再次感谢中央美术学院提供了缅怀追思金先生为师、为学的机会，美术学院的领导在开幕式上的讲话对金维诺先生的学科建设、人才培养和学术成就给予了高度评价，充分体现了中央美术学院领导对于美术史学科的重视。

感谢作为承办单位的人文学院，学院的领导和工作人员尽心尽力，精心组织，接待细心周到。这次的活动顺利圆满离不开人文学院全体师生的参与，感谢参与这次筹备活动全过程的各位老师和各位志愿者同学，从会场的布置，到来宾的接待，到新闻稿的发布，等等，都有他们默默的奉献。

最后要特别感谢分别从北京和外地赶来参加本次追思纪念活动的各位专家学者以及金先生门下的学子们，大家在百忙中抽出时间专程到会，追思缅怀金维诺先生的学术人生。各位深情的追思发言和学术报告，也是金先生毕生学术精神的传承发扬。

谢谢大家！

于润生：各位嘉宾、老师们、同学们，两天的研讨会很快就要过去，虽然刚才罗世平教授已经向各位代表、嘉宾和有关的方面表示了感谢，我也要代表承办单位特别感谢此次参会的嘉宾与学者，感谢为会议服务提供了大量帮助的老师、同学和志愿者们，只有在你们的帮助之下，我们这次会议才能获得这样完美的成功。

会上各位学者以不同的方式，回顾了金维诺先生的生平往事，梳理了他在众多学术领域中所取得的杰出成就，汇报了各自在金维诺先生所开拓的学术道路上取得的最新成果。可以说，每个到会的人都深受感动与启发。这不禁让我想起了自己在求学的时代一些往事。那时金先生虽然已经退休，但仍然时常出席各类学术活动，让我这一代学生也有幸得到教诲。

然而，逝者如斯，今天的青年学子只能从前辈的口中领略先生的风采，可以说是很遗憾的事情。但本次研讨会让这么多硕学、鸿儒、前辈、同仁再次聚集在一起，通过回忆和研讨，传承先人之志，这对每个热爱这份共同事业的人来说，都是极为生动的一堂课。尤其对我们的青年学生来说，仍是非常幸运的一件事情。让我们一起努力，用更多的新成果来建设这座学术的大厦，告慰先人的英灵。

木铎金声，铿然而发，唱而和之，传心不绝，纪念金维诺先生美术教育与学术成就研讨会闭幕，谢谢大家。

第三部分　提交大会的其他学术论文

学术摆渡人——金维诺先生行迹鳞爪

李 松

官山在暮色中归宿

驾船人的桨把行人送上路

把自己从黎明送到夜尽头

——金维诺

金维诺对人说，他要做一个"摆渡人"，"为后来的人做块垫脚石"。那是他青年时，在四川江津县德感坝渡河时，从所见摆渡人生涯中萌发的念头。

金先生是我的老师，也是我的领导。我和美术界不少人正是搭乘金维诺的摆渡登上美术史之岸的。

刻钢版出身

金维诺 1924 年 12 月 9 日生于北京，2018 年 2 月 17 日逝于北京，笔名金子璧、若金、肖七，祖籍湖北。他的祖父学徒出身，后来致富成麻商，捐资兴学，修桥补路，为乡里称道。他的父亲金文溍曾任职内务部蒙藏委员会，在金维诺出生第二年病故，祖父也随后离世，家道从此中落，"七七事变"后，金维诺被寄养到武汉的亲戚家中。1941 年到次年，他在银行做过练习生。

在 2001 年的《金维诺先生访谈录》中，他讲过早年的经历："我的一位小学老师是艺专毕业的，我小时候学画是受到他的影响，我上的中学，是法国的天主教教会主办的汉口法汉中学，教画老师就是法国人，利用的就是西洋教材。"

1942 年，他十七岁时，步行到四川江津报考武昌艺专。入学考试时，"唐一禾先生主考，听说我是从法汉中学来的，就用法语问了我几个问题。我学过法文，也想继续学下去，梦想着将来去法国学画。在校时我既学油画，也学钢琴。后来唐先生说要学好美术又学好音乐这是很困难的，要我舍弃一门，就不再弹钢琴了"[1]。

1942年，金维诺在武昌艺专入学时，生活困难，本来当时规定，凡是从沦陷区来的学生在国立学校可以享受公费，在私立学校可以申请"贷金"，不巧在他入学那年贷金停办，他只得去教了两个月小学，校长和唐一禾先生得知后，让他回学校半工半读继续学业，他的工作主要是帮学校刻钢版、印讲义和管理图书。这使他有机会读了不少书，包括《资本论》《反杜林论》等"禁书"。他后来学得一手漂亮的楷书，人们都说有写经体的味道，我猜想这可能与当年刻钢版有关。

记得1994年，和书法家们一起开会时，他在发言中还说起："我和李松过去都是刻钢版出身。那时刻钢版、写大字报、写检讨都是很认真的事情。"在美术界，刻钢版出身的人不少，在美术史系，薛永年、单国强、单国霖上学时都曾勤工俭学刻过钢版、印讲义。我早先在军事院校工作时，刻过三四年钢版。论起来，我们都是刻钢版出身，皆曾受惠于"刻钢版"。

在学习期间，金维诺曾因参加学生运动，被勒令休学，就到江津窑业职业学校教美术，教的是西方美术。

唐一禾（1905—1944）是金维诺的恩师，也是湖北人。他在1930年赴法国勤工俭学，在巴黎高等美术学校，从古典主义画家劳伦斯学习油画，以优异成绩获学校罗马奖，曾参加春季沙龙，学满五年，积累素描三千多幅，他的学生冯法祀说，他见过的留学生画素描最多的有两人，一是徐悲鸿，一是唐一禾。

在留学期间，他结识冼星海，他们每天早上为报亭送报，然后各自回校上课，晚上同室同寝。

他于1934年回国，任武昌艺专教务主任、西画系主任。

1938年，武昌艺专迁到四川江津。

唐一禾是一位热烈的爱国者，他把自己的生活道路、艺术理想和国家民族的命运紧紧联系在一起，抗日战争爆发后，他率领武昌艺专师生创作了大量抗日救亡宣传画，他创作的油画《七七的号角》《胜利与和平》《女游击队员》等作品借用西方古典主义手法，表现正义与非正义的冲突和必然结局，为时代留下深深的印记。

---

[1] 郑岩、李清泉：《金维诺先生访谈录》，载金维诺《中国美术史论集（下）》，黑龙江美术出版社，2004，第307页。

1944 年 3 月，唐一禾赴重庆参加中华抗日美术会，因江轮倾覆罹难，年仅 39 岁。

金维诺常怀着尊敬和缅怀之情说起自己的老师，视唐一禾为自己的榜样，他说初到江津时，见到许多宣传画都是唐先生认真画的，在创作《胜利与和平》时，唐先生还征求过学生的意见。

三赴敦煌

自 1955 年起，至 1957 年美术史系建系之前，金维诺每年都到敦煌住两个月，这对他日后成为美术史学者起了奠基作用。

起始是王逊先生要他接部分美术史课，管进修班。"我很为难，不想拿已有的教材照念，我当学生的时候就不满足于这种方式。我希望有两年时间先熟悉一下材料，接触些实际的东西。那时看博物馆的东西很困难，我便提出到敦煌搞调查。""当时，副院长王曼硕同意我的请求。""我们 1955 年去了一个考察组，有俞建华、洪毅然等先生，也有画画的刘凌沧、韦江凡先生。第二年我单独去。去敦煌前，我事先读了国内外有关文章，包括伯希和的《敦煌图录》和松本荣一的《敦煌画之研究》，做了准备。松本荣一没有去过敦煌，只是根据伯希和的图录就写了本书，很不容易。但他只是根据图片了解内容，有局限。我感觉搞经变或者其他题材的研究，不看实物不行。那时敦煌研究所常书鸿所长为我们提供了非常好的条件，可以自由参观、临摹、拍照，这样的机会是很难得的。由于对敦煌的洞窟比较熟悉，我开始写经变题材的时候，在松本的基础上突出了历史的发展过程。例如我写的维摩变就注意了对这一题材演变过程的考察。"[2] 由此形成金维诺对敦煌艺术研究的优势。

他很快就有了学术成果。从 1955 年起，他陆续在《美术》《美术研究》《文物参考资料》等刊物上发表文章，介绍敦煌石窟、敦煌石窟壁画里的佛教故事。他在 1958 年发表的《敦煌壁画中的中国佛教故事》和《〈祇园记图〉与变文》被记载入《敦煌学大辞典》之"敦煌学纪年"（第 957 页）。

二十世纪五十年代，敦煌石窟文物、壁画在北京有三次重大的展览活动。第一次是 1951 年 4 月，敦煌文物研究所、北京历史博物馆联合在故宫午门举办的"敦煌文

---

[2] 郑岩、李清泉：《金维诺先生访谈录》，载金维诺《中国美术史论集（下）》，黑龙江美术出版社，2004，第 313 页。

物展览"，《文物参考资料》第二卷第四、五期为此出版了两期特刊。第二次是 1952 年，敦煌文物研究所与故宫博物院联合在故宫奉先殿举办的"敦煌艺术展览"。第三次是 1959 年 10 月，敦煌文物研究所在故宫举办的更为盛大的"庆祝建国十周年敦煌莫高窟、安西榆林窟艺术展览"，其时金先生让我和奚传绩去拍照，准备在《美术研究》上刊发。三次展览在中国当代艺术史上留下深深的印记。

1957 年，郑振铎视察莫高窟后，提出一个宏大的出版设想，即出版 100 卷《敦煌石窟全集》。

1958 年，金维诺与翦伯赞、向达、夏鼐、周一良、常书鸿、吴作人、宿白等先生均为编委会成员。当时，他年仅 34 岁。1959 年，他曾和文物局张珩先生同去敦煌与麦积山，参与规划《敦煌石窟全集》和麦积山石窟的修复工程。

1959 年，金维诺发表于《文物》第 5 期的《敦煌窟龛名数考》是关于敦煌石窟的重要著作。那本是敦煌唐代写经残页背后的一张衬裱纸，记着在腊八日遍窟注油燃灯的通知。1931 年为吴曼公先生获得，1959 年抄赠给《文物》杂志。金先生见到，认为很有价值，应该进一步考订。当时刊物已经发排，金维诺承诺第二天可以交稿。回家后，他对材料细加辨认，凭借几年来对敦煌石窟分布情况的了解和对造像、壁画内容特点的把握，并参考国内外保存的有关经卷、文书上的相关记载，以名数表中的南大像（130 窟）、北大像（96 窟）为坐标，推定相邻各窟早年的名称和沧桑变化，锁定名数表产生的年代要迟至五代时期而不可能是原先认定的唐代。他硬是花一昼夜工夫写出上万字的考证文章，没有耽误刊物发稿。后来他又进一步撰写了《敦煌窟龛名数考补》，收入他的《中国美术史论集》。

金先生指导我研究美术史一定要重视第一手资料，后来受到批判，但我至今弄不明白这有什么不对。他说的第一手资料，不仅是文献资料，更重要的是有关的碑记、题记等。金维诺每次带学生去石窟寺、庙宇等地实习考察，都强调下去之前，要尽可能地摸清有关资料，下去以后便要全力以赴地研究石窟实物及相关的环境背景，而不能一边看实物，一边翻书。在麦积山，我曾见他在第四窟（散花楼）附近专注地辨识上层崖面的一方漫漶的题记，不久，便读到他的文章，原来那方题记中有关于麦积山建造崖阁年代的重要史料。

1993 年我们参加钱绍武组织的考察晋南寺观雕塑的活动，一路上他非常注意建筑内的碑文资料，我感觉老师的文史研究，一方面是得力于他非凡的颖悟，另一方面与他认真研究那些"第一手资料"有关系。

临危受命

中央美术学院1957年建立美术史系，迭经风浪，这副担子最终落在金维诺身上。

在中央美术学院成立之后，美学家蔡仪主持美术理论教研室和史论教学工作。1952年，王逊先生从清华大学调到美院接替蔡仪的工作，并开设中国美术史、艺术批评史等史论课程。

1956年，经文化部批准，由王逊、许幸之、王琦、金维诺等人成立美术史系筹备委员会，定于1957年正式建系并招生。

在美院建立美术史系的意见是由江丰院长提出的，这与外国的做法有所不同，国内学界也有不同看法，在美术学院建立美术史系有其不足，也有优长，优长是理论研究便于联系实际。江丰的主张与延安文艺座谈会以来的文化艺术道路的理念有关。中央美术学院美术史系的办学模式影响了全国各地的美术学院。

按照江丰原先的安排，本应由王逊任美术史系主任，版画家王琦任副系主任[3]，王琦先生在美术理论研究室分工准备外国美术史和中国现代美术史的备课工作。反右以后，王琦先生回到版画系任教。

1957年秋，我们入学时，在火车站买到《人民日报》，上面赫然登载着江丰成为美术界的"纵火头目"的报道，王逊则被称为"江丰反党集团"的军师。美术史系前程岌岌可危，是金维诺先生团结系里的老师艰难撑住局面，其实，他自己的处境也难，在运动风暴中，他背着党内的处分。

当时的美术史系是白手起家，没有先例可循，没有教材，师资不足，能开的课不多，我清楚记得是刘凌沧先生教绘画课，李斛先生教素描，杨伯达先生教博物馆学，吴作人先生讲过一次水彩课，凌沧老师带我们去故宫绘画馆逐幅讲解古代绘画作品，为我们对民族艺术的感情和日后从事美术史研究打下了基础。

第二年，系停办，我们班的同学有的转到校内的绘画系，有的转到北大、电影学院、戏剧学院。所幸，系里的教学班子没有打散，金维诺和老师们还在做着重建美术史系的准备。

---

[3] 王琦：《艺海风云：王琦回忆录》，人民美术出版社，1998，第214页。

首先要抓教材。以前教学用的美术史教材是王逊先生早先编写的《中国美术史讲义》，若用于美术史系讲学需要丰富、补充。反右后，王逊被安排在学校图书馆做图书编目工作，回到系里以后，挑起编写美术史教材的重任。他充分研究，吸收近年美术考古新发现的资料和研究成果，花一两年精力，写成原始社会和夏商周部分的美术教材，并排印成讲义，之后又写完春秋战国部分，1961年提交给文化部召开的全国美术教材会议。参加那次审稿的专家有夏鼐、苏秉琦、曾昭燏、唐兰、俞剑华和美协的蔡若虹、王朝闻等人。

二十世纪六十年代初，留苏归来的邵大箴、程永江、李得春和常又明等先生则着手编写外国美术史。其他课程的教学力量也陆续配齐。

1960年，美术史系（也称美术史美术理论系）再度正式招生，学生八月入学，那是一个非常优秀的班级群体，他们的自治能力也强。之后，美术史系又陆续招收两三个班，其中出了不少杰出人才，说起来还得归功于金先生和系里的老师们。

此刻办系的条件比1957年强了很多，但实际上还是摸着石头过河。开学后，金维诺和系里老师花尽心思，从校内外请来最好的老师来系兼课。从社科院近代史研究所请来刘桂五先生教中国历史，他上课从来不看教案，对历代史实如数家珍。请来文学家文怀沙、冯其庸先生教文学。在本校，仍由刘凌沧先生教绘画，韦启美先生教素描。王逊、金维诺两位先生主讲中国美术和书画著录课。从北大历史系请来宿白、阎文儒、俞伟超等先生开设中国考古学，并成为重点课程。宿白、陈明达二先生教中国古代建筑学和营造法式。

为使学生能够获得更深厚的文化根基，金维诺还从社会上请来不少权威学者做专题讲座，先后来系里讲过课的有考古界的前辈贾兰坡、曾昭燏、郭宝钧，文史学者、书画鉴定专家张珩、徐邦达、启功等人。有些人是金先生亲自出面请的，例如到西安，他就曾带我去登门拜访过考古学家石兴邦，他也常到王府井文物出版社门市部与张珩约谈。这些教学安排使学生们终身受益。

1962年，金维诺安排美术史系学生到北京西郊法海寺临摹大雄宝殿后壁的二十诸天壁画，他在1959年的《美术研究》第三期发表过考证长文《法海寺壁画"帝释梵天图"》。临摹活动由刘凌沧先生指导。在临摹过程中，学生薛永年等人在寺外的《楞严经幢》的碑文上发现了壁画作者的名字。后来，系里举办"我们这一年"学习汇报展览，展出法海寺壁画白描临摹稿，占了好几面墙壁。

学生们的学习热情、自治能力和教学的初步成果，令金先生受到鼓舞，他设想自己备一辆车子，利用假期，组织师生到各地石窟寺进行调查，这在当时倒也是应当做的好事，但是金先生过高地估计了当时的条件和可能性，毕竟老师也还处在血气方刚的年岁，更料不到以后政治风云的变幻，让他的想法完全破灭。

正是在此前后，北大阎文儒教授，领受国家任务，率领石窟调查组，行程三万余里，先后三次对全国石窟寺遗址进行了全面系统的调查。

1961年8月，金维诺准备去新疆，叫我准备摄影器材，党委书记陈沛硬是没有批准。第二年，他听说北大宿白先生带学生用方格网测量石窟寺雕塑，让我和汤池去取经。当年，金维诺在带学生去龙门石窟和麦积山石窟实习时，让我们用方格网测绘了部分洞窟，并集体对龙门石窟作了全面著录。

他一直想去新疆考察石窟，1962年，他计划带我一同去，终未能实现，当时他的身体情况很差，有几次外出考察，都曾出现肠胃大出血，经抢救转危为安。我想学校不同意他远赴新疆、西藏等地，也是出于保护他的好意。

没等到"文革"，系里的教学便维持不下去了。

两编学报

金维诺前后两次主持中央美术学院学报《美术研究》编务工作。

1957年，中央美术学院与美院华东分院一同筹办学术性刊物《美术研究》季刊，由上海人民美术出版社出版，由于创刊号发出一些有学术分量的稿件，受到美术界重视，印数从9千份上升到1.6万份。而办刊不久，反右运动开始，两院领导和刊物的几位编委江丰、莫朴、金冶、王逊、金浪、朱金楼等人纷纷受到冲击。

1958年6月，华东分院改为浙江美院后，《美术研究》归由中央美术学院美术理论研究室负责。1958年9月，学校调我和同学奚传绩到编辑部工作，次年，调来章书画管行政，编辑事宜实际由金维诺负责。每期稿件主要是由他安排，有的是他直接约稿，有的是安排我和奚传绩去约稿的，学院的王琦、常任侠、李桦、叶浅予、刘凌沧、王式廓等先生，院领导陈沛，院外学者唐兰、徐邦达、沈从文（上官碧）、俞剑华等先生都为刊物提供过稿件，王朝闻先生的《钟馗不丑》一文原是我记录的他的一次讲座，后来他一改再改，其一丝不苟的严谨写作精神使我深受教育。

金先生有次交我一篇来稿，是院内一位老教授执笔的，我稍作文字修改，准备发排，金先生看后对我说，文章没写出作者的水平，以不发为好，不发是对作者的保护，这些话使我永难忘记。

反右前江丰院长很重视中国现代美术史的研究、编写工作，安排李树声到各地做调查研究、收集史料的工作，金维诺主持刊物工作时，很重视近现代美术史的文献资料，让奚传绩到上海等地登门约稿，稿件有吴梦非、姜丹书、许幸之、李桦等先生写的一些有关美术教育、左翼美术活动等的文章，具有宝贵的文献价值。1959 年连载的《十年来美术活动年表》是美术史系的薄松年和民族美术研究所的龚产兴、吴步乃等多人辛勤编纂的成果。程永江、佟景韩、钟涵、张同霞、冯湘一等人为刊物撰写了外国美术史的译文。

1960 年，《美术研究》由天津人民美术出版社转归北京人民美术出版社出版，只出了一期，被文化部党组停刊，第二期稿件本已发排，封面是《为了六十一个阶级弟兄》群雕，内容有《金衣年谱》和民间美术、希腊古代雕塑等，其时还预约了关山月、傅抱石、李可染等先生的文章，只得作罢。《美术研究》从 1957 年创刊到 1960 年，前后共出了 13 期。

与《美术研究》同时，还办了一份四开报纸大小的《中央美术学院院刊》，参加过编辑工作的除我与奚传绩之外，还有于紫云、刘千等人。金先生雄心勃勃想自己解决印刷问题，调来了一位多面手的印刷工人徐炳仁，他能刻铅字，对于有些字典上没有的古字，他也能自己在铅坯上刻出来。我们购买了铅字、转盘机，开了一个小印刷车间，除排印院刊外，还印过美术史教材和教学参考资料，《美术研究》1960 年停刊的第 2 期初版校样也是徐师傅排印的。

《美术研究》停刊十九年后，1979 年复刊，同时创办了《世界美术》，当时是由金维诺、佟景韩共同负责的。

今年是中央美术学院建校 100 周年，报刊记者报道纪念活动时，提及改革开放后美院两个刊物说"中央美院学报《美术研究》复刊后的第一期封面便发表了引人瞩目的人体美术作品；另一学报《世界美术》连续刊载了研究介绍西方现代美术的文章，率先闯入了 30 年来的艺术禁区" [4]。《世界美术》不属于美院学报，后来一度险被停刊。

---

[4] 张亚萌：《历史决定了我们要相会在这个春天——记中央美术学院建校 100 周年》，《中国艺术报》2018 年 3 月 28 日，第 5 版。

1989 年文化部规定一个学校只许办一个刊物，佟景韩在回忆文章中说及当时的情况：金维诺先生急了，要佟景韩一定想办法把刊物保住，情急之下，佟景韩直接写信给文化部长，说明千万不要把《世界美术》这个观察外界、进行中外交流的窗口关闭掉，没想到第三天就有了回音，文化部直接通知佟景韩，部里同意保留《世界美术》。

《美术研究》在 1987 年后由靳尚谊、佟景韩同任主编，佟景韩 1995 年退休后，由邵大箴接任，此又是后话了。

迭经风雨

1964 年，中央美术学院作为北京市社教试点单位之一，开始失去安定的日子，全校停课，金维诺成为了美术史系和美术研究所共同的批判对象，在后来的运动中，那场运动被否定，称为"伪社教"，但金先生的处境没有改变。

1965 年 9 月，他和全校师生一起到河北邢台，这次是参加农村的四清运动。第二年 6 月赶上邢台地震，而美院师生遭逢的更大地震是随即开始的"文化大革命"。在那场浩劫开始的时候，金维诺手边的研究资料被造反派们抄走了，放在书柜上许多摆放有序的有关敦煌经变的研究与研究综录散失了，眼见多年心血瞬间扫荡一空，他心如刀绞。而在同一时期，王逊等先生也经历着相同遭遇。时代悲剧，学术之殇！

他和王逊等先生被隔离住牛棚，每天在校内挂牌劳动，瑞典留学生雷龙见了，难过得落泪。无数次批斗都挨过了，有时竟是无缘无故地吃苦，一个外系学生的弟弟来到北京，打人成瘾，一日撞进系办公室，见金先生正受批判，抽出皮带便打……

他和吴作人、刘开渠、许幸之、艾中信、党委书记陈沛等一起被关在美院附中的牛棚里，其中还有学生李燕，因为代父苦禅先生写《十万言翻案书》，也被关在一起。

艾中信先生在《衰年回眸》一书中记着"文革"岁月："我被关在附中'牛棚'时，那里发生了一件大事——佟景韩跳楼事件……他在医院住了几天，又被带回关在附中四楼，我和金维诺、王曼硕被指定为护理。佟尿血好几天，可见受伤不轻，我们不敢告诉他，没有什么治疗，终于止血了，没有后遗症，算是不幸中的大幸。"

真要感谢三位同患难的老先生，由于他们的照拂，为国家保全了一位优秀的翻译家、美学教授。

那些年，接连不断的政治运动，金先生老是躲不过。想来还是怪他太聪明，主意多，有道是"天上九头鸟，地下湖北佬"，人们对他这个湖北佬，做起事来，常不免多两分猜疑。有一次他对我埋怨说："有些事要是你去办，就没事，而我去做，麻烦就多了。"

在运动中，由于我是系秘书，算是知情人，自应站出来批判、揭发，无奈我智商过低，总难上纲上线，令人满意，后来李红对我说："金先生说你在运动中揭发他的都是鸡毛蒜皮的小事。"其实我决非故意包庇，实在不晓得他有哪些大是大非之事。

金维诺最说不清的一件事，是新中国成立前，他在武汉参加地下工作，留有一张身穿国民党少尉军服的照片，这可是敌我性质的大问题，他怎么解释也说不清，拖到"文革"后期，汤池参加专案组，到武汉找到当年武汉城工部部长，谈及此事，部长说："当初能打到国民党军队，当然打进去越深越好。"他说，金维诺当年还画过国民党军队城防的布局提供给地下党，我想这大约就是那身少尉军服的作用。

"文革"后，金维诺还和汤池、佟景韩一起参加美院党委书记陈沛同志的复查、平反工作。

在历次运动中，金维诺不曾为保护自己而诬陷过别人，也没揭发过谁。运动过后，他不曾再提起过那时的情况，也没打击、报复过谁，我们曾在运动中给他写过大字报，参加过对他的批判会，他全抛在脑后了。

"文革"中后期，1970 年 5 月，中央美术学院全体教师员工下放河北磁县东陈村，由 1584 部队领导，进行劳动、清查。此刻，金维诺已不再是走资派，亦非"反动学术权威"，他和大家平等地一起平地、挖水沟、拔麦子、耘田、修稻场，连里把他分配到炊事班，和谭树桐、宋源文、毛凤德、王树村、张润凯等几个系的教师一起做炊事员，不闻金公在做饭方面有何特长，大约主要是干挑水、烧柴一类杂活。那时期，他身体依然不好，随身老带着一大包"表飞鸣"（亦即乳酶生），胃疼时，便抓一把吃。他在磁县一直待到 1972 年 2 月，大队转到石家庄，一部分人员被调往有关单位作画、办展览。

海外讲学

"文革"后期的 1974 年，金维诺从干校回到北京，借调到故宫博物院，任绘画部顾问，同时从事绘画馆的重新筹建工作。

那时，故宫或文物界有什么重要活动，他总记着给我们这些老学生打个招呼。

1972 年至 1973 年，在内蒙古自治区和林格尔发现东汉大型壁画墓，有壁画 46 组以上，有很多墨书题榜，但搞不清墓主人是谁。正当人们感到迷茫之际，金维诺从《后汉书》等史传记载曾任护乌桓校尉的几十个人中，综合历史地理环境，运用排除法，推断墓主人可能是东汉末年的公綦稠（或箕稠），建墓年代约在中平五年（188）前后。

到 1977 年，中央美术学院各系科恢复原先的建置，金维诺重任美术史系主任，并主持硕士研究生班和师资进修班，他也终于有机会带领学生到新疆考察古代石窟寺遗迹，得偿夙愿。1978 年他晋升教授，并由此进入学术盛期。

1978 年，文物出版社与日本平凡社合编 17 卷本的《中国石窟》，金维诺与夏鼐、宿白等先生担任此书的中国编委，金维诺为之撰写了《龟兹艺术的风格与成就》《敦煌艺术在美术史研究上的地位》《炳灵寺及其在佛教艺术交流中的地位》《麦积山石窟的兴建及其艺术成就》。

金维诺对中国石窟寺艺术、敦煌艺术和中国绘画史的研究成就，得到海内外学术界的肯定。到二十世纪八十年代以后，金先生几番远涉重洋赴海外讲学，进行学术交流，那是他一生之中生活节奏最紧张的时刻，也是他最有成就感的时期。

1980 年 10 月，金维诺应美中艺术交流中心的邀请，赴纽约哥伦比亚大学讲学。他先后去纽约、密歇根、芝加哥、堪萨斯、华盛顿、波士顿、檀香山、洛杉矶等地，在哥伦比亚大学、芝加哥大学、斯坦福大学讲中国石窟寺艺术，在伯克利大学等校和博物馆讲敦煌艺术、中国早期绘画等，与当地美术史家、博物馆学者、收藏家进行学术交流，也帮助各地博物馆对馆藏中国古代绘画作品进行考察、鉴定。他尽情浏览了各地博物馆的珍藏。在华盛顿，他更多的时间是在弗利尔美术馆度过的。弗利尔美术馆以收藏东方艺术文物著称，他去的时候，正举办中国山水画专题陈列，馆长罗覃和东方部主任傅申热情接待金先生，他在库房阅览了中国敦煌绢画等书画珍藏。

他在美国的学术交流活动，先后历时一年。

1981 年 2 月，金维诺又去英国参观大英博物馆、维多利亚博物馆等处。3 月，转赴巴黎、法兰克福、海德堡等地参观，进行学术交流，中途去瑞典访问。

5 月回国以后，他带外国留学生在河北省古代寺观遗址和响堂山等地参观考察和参加国内一些重要的学术活动。

1987 年，他卸任了工作 30 年的美术史系领导职务，把担子交付给他的学生薛永年、罗世平。

1987 年 11 月，金维诺又应邀去美国斯坦福大学东亚研究中心任路斯基金学者一年。他在大型报告会上讲授"中国寺观壁画"，次年3月在旧金山参加亚洲学术讲座会，提交《中国佛寺壁画》论文，同年在伯克利大学东亚研究中心讲授"石窟艺术""寺院壁画艺术"和"炳灵寺石窟"。

后来，他又先后去日本、韩国及中国台湾地区进行学术交流活动和讲学。

在师长辈中，金维诺是最早使用电脑的，那时的电脑很笨重，且价格不菲，他为了防止电脑发生故障，置办了好几台，一个个排开，煞是壮观。

二十世纪八十年代后期，金维诺的主要精力转向编书和指导博士生治学、研究，在人才培养方面，他特别关注对新疆、西藏、内蒙古等边疆地区美术史研究人才的培养，他着眼的是美术史研究的全局。

盛世修典

在穿梭域外艺术交流的间隙，金维诺投注巨大精力于几项重大美术出版工程的策划、组织中。

二十世纪八十年代初期，他先后参加《中国美术全集》和《中国大百科全书·美术卷》的编辑出版工作。

《中国大百科全书》是1978年胡乔木向中央提出的建议，得到邓小平的支持、党中央的批准，随即启动，全书共涉及73个学科，历时15年，于1993年全部出齐。

其中美术卷共二卷，由艾中信任主任，副主任有金维诺和刘汝醴、邵大箴、华夏。美术卷共12分支，320万字，于1990年12月出版，有300余位专家、学者参与编写，"是我国第一部具有学术价值的大型美术工具书……填补和纠正了以往工具书中的不足和错误"[5]。

与编撰《中国大百科全书》约略同时，1984年，《中国美术全集》领导小组和编辑出版委员会成立，由人民美术出版社、上海人民美术出版社、文物出版社与中国建筑工业出版社四家出版社联合出版《中国美术全集》，共包括绘画、书法篆刻、雕塑、工艺美术、建筑艺术五个门类，计划出版60卷。

如此浩大的出版工程从何着手？金维诺承担了为全集试写先行卷的重任，1988年5月，他完成全集第一卷试刊本《隋唐五代美术卷》，与人民美术出版社的邵宇等

---

[5] 中国大百科全书总编委会编《中国大百科全书纪念册》，中国大百科全书出版社，1993，第85页。

人同去深圳印刷，为全集60卷图书提供了规范。之后，他又主编了《寺观壁画》与《原始社会至战国雕塑》等卷。

《中国美术全集》启动不久，学术界就策划一项更大规模的出版工程，即编撰《中国美术分类全集》。为了更全面、系统地向国内外介绍中国历代优秀的美术传统，《中国美术分类全集》依然是分为绘画、雕塑、工艺美术、书法篆刻、建筑艺术五大类，其中包括古代、现代两个部分，每类分为若干全集。这一项目1986年开始启动，由启功任总编辑，邓力群任总顾问，预计总共300余册。

金维诺主编了《中国美术分类全集》中的以下各卷：

《中国藏传壁画全集》（全4卷）

1989—1993年出版，全部由金维诺主编。

《中国寺观壁画全集》（全7卷）

2009—2011年出版，金维诺主编其中《元代寺观水陆法会图》卷（与邵军合编）、《明清寺观水陆法会图》卷。

《中国墓室壁画全集》（全5卷）

2011年出版。

《中国版画全集》（全6卷）

2008—2011年出版，金维诺主编其中《画谱》卷。

《中国藏传佛教雕塑全集》（全6卷）

2002年出版，金维诺主编《彩塑》卷。

《中国寺观雕塑全集》（全5卷）

2003—2006年出版，金维诺主编其中《早期寺观造像》《辽金元寺观造像》《明清寺观造像》《金铜佛教造像》四卷。[6]

此外，他担任编委的还有《中国敦煌壁画全集》（全11卷）和《中国新疆壁画全集》（全6卷）。

在世纪之交，由金维诺任主编，邵大箴、佟景韩、薛永年任副主编，集中了北京几家重要美术院校和社会科学院、中国艺术研究院、故宫博物院、上海博物馆、中国

---

[6] 中国美术分类全集总编辑出版委员会编《国家重点出版工程·中国美术分类全集二十五年编撰历程》（内部资料）。

美术家协会等单位的 20 余位学者编撰完成了 20 卷本的《世界美术全集》。

"这是第一部在中国乃至世界范围内出版的由中国学者编纂完成的《世界美术全集》，因此也是一部具有开拓性、原创性和鲜明学术特色的观察和研究古今中外重大美术现象及美术发展概况的图文资料集成……十年前，当我们初步完成《中国美术全集》的编纂、出版工作之后，就开始筹划和出版《世界美术全集》的事宜。由于有中央美术学院美术史系编写外国美术史和中国美术史教材的基础，又有台湾光复书局的支持和赞助，使这项工作得以顺利开展，二十多位同道齐心协力，经过数年的紧张工作，终于完成全部书稿，可惜因为料想不到的困难未能及时付梓。（《出版说明》）"最后这套书在中国人民大学出版社的大力支持下，得以在 2004 年 10 月出版。

金维诺执笔撰写了 20 卷中的《中国美术·魏晋至隋唐》卷。

1995 年，金维诺与罗世平合著《中国宗教美术史》，该书获文化部第一届文化艺术科学优秀成果二等奖。

金先生进入耄耋之年前后，指导过的博士研究生有二十多人，其中不少人已成为相关学术领域的重要骨干。

金先生晚年指导的博士后吴秋野对美国弗利尔－赛克勒美术馆馆藏的宋元画进行再鉴定，十来年中，吴秋野每有所获，都带着相关资料向老师请教，金先生总是放下手边工作，花上一两个小时仔细阅读，和她一起推敲相关的论据，在学生心目中，老师要求严格，而指导很具体、认真。

他的最后一位博士研究生李小斌今年五月进行博士论文答辩，在会上，她说到老师永远不能听到她的论文答辩了，大恸，在场师生无不为之动容。

未竟之业

进入新世纪，金维诺承担了《中华大典·艺术典》主编的任务。

《中华大典》是中华人民共和国成立以来最大的一项文化出版工程，是对辛亥革命以前的文化典籍及其整理成果进行的一次带资料性的总结。该项目于 1990 年 8 月经国务院批准列为国家重点古籍整理项目，规模宏大，卷帙浩繁，共分 22 个典，95 个分典，全书总字数约 7 亿。其中艺术典包括书法、音乐、绘画、工艺美术、建筑艺术、戏曲艺术、艺术综合七个分典，预计 2200 万字。

2003 年 7 月公布的《〈中华大典〉实施方案》，指定王朝闻为艺术典主编，2010

年完成出书。不幸的是，朝闻先生于 2004 年 11 月逝世，大典总主编任继愈先生将这项工作委托给金维诺先生。金先生随即部署人力，他要我做他的助手，邀请了退休的老专家叶喆民等先生为副主编，请了艺术研究院的几位先生主持戏曲、音乐等分典，又新设了服饰等分典，还有的分典交由他的博士研究生主持。

现在看来，金先生和多数参与者对这一学术工程的艰巨性的思想准备严重不足，其他已完成的各典都是倾部门人才全力以赴的，有周密部署与雄厚资金。而金先生搭起的骨干班子虽是在某个学术领域有影响的专家，但多早已退休，手中无兵无卒，无阵地，更无经费。金先生所想的还是几十年前大家合力白手编书的一套办法，所以推行很难，有的分典几次约人、换人都很难着手。例如书法分典，最后是陕西的美术史论家程征推荐他的研究生刘天琪承担下来，从各地请来 8 位博士研究生合力编纂，画家王西京听说经费困难，主动捐助 120 万元作为启动资金，使这一重要出版工程得以顺利完成。现在书法分典已印出，令程征、刘天琪深感遗憾的是无法告慰金先生了。

此外，还有些问题，如金先生让我分工主编工艺美术分典，但是我直接编的青铜器艺术部分，金先生认为真正能代表中国古代青铜器艺术成就的是二十世纪考古发现的那些代表性作品，他主张将这些作品作为附图编入大典，而这是和大典的规范不相容的。但是金先生很坚持，这件事曾讨论过数次，任公也参加了会，我为此事专门写过报告，最后还是作罢了。

由于岳麓书社编者和多位学者的通力合作，艺术典已完成四个分典，即戏曲文艺分典、书法分典、陶瓷分典、服饰分典，而不可缺少的绘画、音乐等分典的编撰，却不能不俟诸来日了。

谢谢李红

进入新世纪以后，开头金维诺诸事顺遂，心境舒畅，而风雨同舟的夫人黄翘却一病不起，家中从此乱了方寸，共同生活的精神支柱倒下了。

师母黄翘是一位资深的老编辑，早年生活在越南，参加过进步活动，以前听金先生说过她的一些经历，但我没有记住。在她退休之后，我曾见她伏在电脑桌前为乡里写回忆录，有一次电脑捣乱，写了几万字的材料全丢失了，她十分焦急，不晓得后来找回来没有。再后，听说她病重，我去探望，她卧病在床，平素清隽明敏的神采全失，说话也很困难了。

此刻，金家出现一位年轻人，她是李红，是来自东北的远房亲戚，专程来照护师母的。

其时，金先生还住在校尉胡同（"文革"时改称反帝胡同）68号院中的小楼内，房子里全都是书，烧饭、洗衣服，要到楼下的小屋子里，金维诺一家生活很简朴，吃、穿都不讲究，客人来了，就相携到东单超市的大排档吃一餐便饭。

李红尽心竭力地照料病人，也兼管着家务，送走师母之后，她未离去，因为金先生已到古稀之年，平时需要有人照料、协助。

后来，院里住户陆续迁走，金维诺也搬到了顺义马坡花园二区，子女离得远，老人家生活起居全都靠李红照料。当时金先生还常常外出开会，参加学术活动，并且指导着多位博士研究生，李红跟着金维诺学会电脑打字，成为金先生的得力助手。

金维诺晚年耳朵失聪，开会时听不清别人发言，有时他会突然大声讲几句话。人们有事要请教金先生，便全由李红转达"翻译"了。李红对金先生晚年有襄助之功。

那时期，金先生外出考察，参加博士生答辩，《中华大典》开编务会，都由李红全程陪同。几年前，金先生跌伤，之后行走困难，李红一个人照顾一位不能自理的高龄老人，其困难可以想见，为了给大家分忧，李红为此付出了太大的牺牲，她无怨无悔。

作为金维诺先生的老学生，我必须说一句：

"谢谢你，李红！"

2018年4月于北京安外

黄文昆老师：

1、例如程永江—程永红、常又明—常文明等，还有些事实上的出入，不一而足。

2、郑振铎考察敦煌是 1957 年，1958 年组成敦煌全集编委会，委员二十人均顶级学者，如夏衍、王冶秋、赵正之、赵万里、张珩、周一良、翦伯赞、梁思成、刘敦桢、夏鼐、宿白、王朝闻、吴作人、常书鸿、董希文、叶浅予、谢稚柳、金维诺，金先生是其中最年轻的一位。全集规划是 100 卷。

同学少年——记 1957 年的中央美术学院美术史系

李 松

中央美术学院 1957 年的学生名单记着美术史系一年级学生姓名，计有夏振球、史国明、朱茂铎、周建夫、张忠政、张海峰、李西源、李松涛、刘瑜、范梦、吉宝航、阎以屏、范曾、奚传绩十四个人。学生编号依次由 2016 至 2030。

那时，美院学生人数不多，全校一个班上最多的 18 个人（油画系二年级），最少的只有两个人（中国画系四年级，为姚有多与谢慧中）。

那年我 25 岁，比同班同学大四五岁，是作为转业军人报考的。到校时没有便服，还穿着摘去肩章领章的军服。班上还有一名老兵刘瑜，原先是空军机械员。

有三位是从外校转学来的：天津南开大学历史系的范曾，北京大学东方语言文学系主修朝鲜语的奚传绩，主修缅甸语的范梦。

招收学有所长的外校学生可能是王逊先生等人为以后开展边疆地区和海外美术史研究的一项长远布局，惜乎美术史系停办，未能各尽所长。

说起当年入学的经历：

1957 年 5 月前后，我所在的军事院校奉命停办，部分年轻人被允准报考高校。战友邓乃荣劝我报考中央美术学院新开设的美术史系，我按照美院的招生要求，写了自传和一篇文章《漫话彩塑》寄了去，获准报考。6 月 24 日我从广州赶到北京报名，刚下火车买到报纸，被一则新闻惊到了：中央美术学院院长江丰被点名"纵火头目"。我不久前还见到《美术》杂志上刊载江丰写的反击"右派"的文章。而美术史系的主要教授（系主任）王逊则是江丰的"军师"。

我们带着一肚皮疑问参加 7 月 8 日的入学考试。那天大雨倾盆，校尉营美院门口积水盈尺，我的鞋子全湿透了。

考试项目包括政治、语文、历史、地理四门，外语和数理化都不考。试题较偏，世界地理的题目有的我答不出，就在试卷上默画世界地图，倒也应付过去了。

口试不在教室，而在室外一个角落。主考官是王琦先生。他的样子比较平易，穿着也随便，减小了我对大学教授的敬畏之心。他提问了一些美术史常识，又问起当下点名批判的右派有谁，我回答的一人有误，王先生吭了一声，我赶紧更正。

7月23日发榜，我考取了！

8月31日我回到广州办了转业手续，赶到北京，到美术史系办入学手续，再到市委转入组织关系。学校召集新生开会，指定我和李西源暂作班代表。

我们的教室在U字楼二楼，邻近教具组，从窗户上一眼可以看到学校大门口。

当时学校没装暖气，每到入冬，每间教室中间会安装一个大火炉，星期天过后，砚台里的墨水都结了冰。

开学以后，各系都没上课，全体师生参加反右运动，写大字报，隔三岔五在学校大礼堂开一次批判大会，主席台旁挂着被批判者的巨幅漫画像，批判火力很猛，但尚未发明"文革"时期的武斗和喷气式。

到十月中，学校的反右运动基本结束，全校师生员工641人，被划为右派分子的49人，从院长、党委书记、教授到附中学生都有。

那年，美术界发生一件大事，齐白石老人于9月16日逝世。9月22日，我们排着队在嘉兴寺参加公祭，公祭活动由郭沫若主持，周总理等国家领导人都参加了公祭。

开学以后由于反右运动的影响，美术史系原先的教学安排全打乱了。王逊先生不能讲课，被分配到学校图书馆抄图书卡片，日常工作由金维诺先生管起来，他在运动中也受到冲击，属于"戴罪之身"。

李树声先生是班主任，班长周建夫，我是团分支书记。

教学工作缺少专业课程的支撑，对教学起着启蒙作用的是刘凌沧先生的中国画课，他手把手教我们怎样用笔，怎么渲染，带我们去故宫绘画馆，他对所有古代绘画作品如数家珍。当时故宫对美院师生不收门票，我们对传统中国画以及中国美术品的知识由此打下初步基础。

杨伯达先生教博物馆学，用的是苏联编的《博物馆学基础》，大家记住了杨先生教的"博物馆"的那个缩写字"M.（Музей）"。人们对那些规则、条例感觉枯燥，而对老师带着我们参观故宫修复工厂和各种机构则感到收获不小。

教我们素描课的是李斛先生，我们也上过文金扬先生的艺术解剖课，刘桂五先生教中国历史，吴作人先生讲过一次水彩课，詹易元先生教我们体育课。詹先生年纪大了，有些高难动作，则请擅长体育的王济达等同学为大家示范。此外，还有俄语等课程。

在当时的社会大环境下，美术史系势难办下去。1958 年 2 月 24 日，学校宣布撤销美术史系，群情愕然。到 3 月 3 日全校开学之日，美术史系正式解散，学校为学生转学做了妥善安排。

先是李西源、范曾、吉宝航、刘瑜、奚传绩与我都转到中国画系二年级，学了一段，吉宝航转到北大西语系，刘瑜转到中央工艺美术学院，我和奚传绩被调出以协助金维诺先生接手办学报《美术研究》。张海峰转到油画系；周建夫、范梦转版画系；张忠政、朱茂铎转北京大学历史系；阎以屏转入中央戏剧学院舞台美术系；史国明转北京电影学院摄影系；夏振球回到家乡浙江温州。

奚传绩回到系里和我先后担任系秘书并从事教学，他曾和汤池一起带学生到广东进行考古实习，到后来因照顾爱人朱雪芬医生的关系，转到南京，几十年来执教于南京艺术学院，成为资深的美术史论教授。他对中国当代美术事业最大的贡献是四十多年孜孜不倦地参加中小学、中等师范美术教材特别是美术鉴赏教材的编撰和审定工作，他现今是教育部中小学艺术教材（包括音乐、美术、艺术概论）审查专家。

编写中小学美术教材是看似容易实则很难的事情，要求编写者、审定者具有广博的史论修养和一丝不苟的严谨学风，奚传绩是这方面有数的专家之一。

班长周建夫转入版画系的次年，我们曾一起下放到河北怀来县花园公社南水泉乡。版画系同学由古元先生带队，我带着新入学的美术史系新生。

周建夫是古元先生的崇拜者，他和几位同学陪古元一起住在村支书、农民诗人马秉书家中。每天见面，我都听到周建夫说起古元先生的一些情况。他们为古元倒水，老师拒绝，说"我又不是大少爷"。古元每天劳动、作画之余，就坐下来给向他求教者写回信。周建夫的木刻完全承袭了古元先生的画风，只是他用圆口刀较少。

周建夫毕业后，在《北京周报》工作了几年，之后被召回母校，后来当了美院教务长，他写过《木刻技法分析》《周建夫人体素描》等书。靳尚谊说周建夫的人体素描"是在研究艺术技巧和规律的基础上表达自己的感受，形成鲜明、简练、强有力的画风，……将为素描艺术这一不太被人重视的领域增添光彩"。

与周建夫同年毕业于版画系的范梦回到山东家乡，任山东师范大学教授。那些年他在工作和家庭生活上遇到一些坎坷，但一直勤奋地从事教学和著述，出版过《中外画家谈素描》和《东方美术史话》《西方美术史》等著作，季羡林老师还为他写过序文。他是第一个在美院校刊上著文谈我们班前后经历的。

张海峰学成于油画系罗工柳工作室，回到家乡吉林，起初在吉林美协编辑《美术参考资料》，后来在哈尔滨师范大学艺术学院任教研室主任、教授。

范曾文史、文学根基厚，他有家学渊源，又曾就读于南开大学历史系。为纪念屈原诞辰，他和李西源发起成立诗社，文怀沙为之题名"蒲剑"。成员有美术史系的薛永年、中国画系的周志龙，还有油画系的张颂南、姚钟华等人。创刊号就发表在美院食堂门前的黑板报上，刊头是吴作人先生亲题的。中国画系到四年级时，实行分科教学，范曾进入人物画科学习，其白描人物、泼墨写生均显示了很深的绘画功力。上学期间，他著有关于徐悲鸿的一书，是同班同学中第一个有著作行世的。

李西源在中国画系毕业后留校做研究生，导师是李苦禅和郭味蕖先生，他专攻写意花鸟，同时又在美术史系进修美术史论。1964 年后他执教于天津工艺美术学院，讲授中国美术史论。他出任副院长、院长直到退休，始终未离开教学一线。他的爱人党伯莲、公子李翔先后学成于该院，他们全家人都为工艺美术事业的发展做出贡献。

1959 年 5 月，李可染先生带领中国画系一、二年级学生到颐和园进行写生教学，那次活动我和西源、范曾都参加了。有一天，师生一起拍照，西源提议"让姓李的同学和老师合拍一张"，于是有了那幅可染先生与李姓学生的合影。可惜取景时把李天玉漏掉了，李天玉后去湖南，从事湘绣设计，成为知名的工艺美术家。

朱茂铎是老北京，讲起话京味十足，刚入学时才十八岁，由于名字听上去像是一位老先生，大家都叫他"茂铎公"。茂铎公从北大历史系毕业后，执教于山东大学历史系，为山大历史文化学院教授，兼任中国德国史研究会常务理事、秘书长，青岛中德研究会顾问。

从二十世纪七十年代以来，他先后在《社会科学战线》《德国研究》《文史哲》等刊物和德国《Berliner China-Studien》等刊物上发表学术论文多篇，参加编写《德国现代史（1918—1945）》《德国通史简编》等著作，主编《中德关系史》，并参加编译《希伯文集》等著作，多次出访德国进行学术交流。

学界评价他"胸怀坦荡，淡泊名利，与人为善，志趣高雅"（见《文史哲》1998年第四期封二）。十多年前，他患了糖尿病综合症，卧床数年，我给他打电话，他只能吃力地以短语回答。他于 2000 年不幸逝世，惜哉！

张忠政、刘瑜都在陕西。张忠政自北大历史系毕业后，初分配在北京59中学教书，未能尽其才，西源和他一起参观学校附近的袁崇焕墓时，感觉他的情绪有些抑郁。后来他到西安，在教育事业上兢兢业业苦心耕耘数十载。当年他在北大历史系学习时，常把油印的教材送给我学习，至今我还保存着。多年来，他与吉宝航一直保持着联系。

刘瑜和我都曾经是四野南下工作团的学员，他在中央工艺美术学院染织系毕业后，先是在太原，后来到咸阳印染厂从事图案设计，担任设计师，积累了几百幅图案作品。他在西安、宝鸡为专业人员办过色彩班，还在全国颜色光学研讨班主讲过色彩学，著有色彩学研究专文。

夏振球在温州商业学校教语文，编写过有关商业文秘工作的图书，他一直未曾忘怀美术史，甲申之后，著《茸居曝言》，探讨艺术与商业的关系。

夏振球自号"瓯江小小憨"，人们至今都记得他在美院抱着一部《资治通鉴》硬啃的情景，一副老夫子模样。范曾戏称他为"夏老"，他反称其为"范老"，再看从北大东语系转来的奚传绩那股学究派头，二人齐称他为"奚老"，由此形成系中"三老"。

班上两位女同学吉宝航和阎以屏是好朋友，后来才知道，两名顽皮的学妹，那时背后管我叫"熊猫"，后来在班上就这样叫开了。

吉宝航与众不同之处是梳着其长过膝的大辫子。她的父亲吉大成，哈尔滨人，满族，在中国驻波兰大使馆工作，常驻华沙。她跟母亲杜秀如生活在北京，杜伯母每逢节假日都把我们叫去招待一番。

中央工艺美院副院长、陶瓷专家杨永善小学时与吉宝航同桌，他说吉宝航是典型的好学生，功课门门皆优。中学时，她的作文常被老师在课堂上当范文朗读。

她在北大西语系毕业后，被分配到山东大学外语系。她于二十世纪八十年代回到美院，1983年赴西德慕尼黑在德语集训班进修半年后，在慕尼黑大学进修中亚美术史和德国美术史，随后跟萨尔布里肯教授学习龟兹语，那是一门很难啃的古代文字，她于1986年回国在美院讲授德国美术史等课程。

进入耄耋之年，吉宝航为赵崇民译德国考古学者勒柯克（Albert von Le Coq）所著《高昌——吐鲁番古代艺术珍品》一书担任审校。该书原名《火州》，或译作《高昌图录》，为记录高昌古代壁画、雕塑等物存世状况最重要的实录。初由柏林雷迈尔出版社于1913年出版，中译本于1998年由新疆人民出版社出版。书中涉及历史、宗教、语言学、民族学、美术考古等多个领域，翻译审校不易。吉宝航抱病往来于北京图书馆、北京大学和中国考古所的善本书库，仔细对照原著，做了艰难的审校工作。她还期望日后有多学科学者参与，合力做好此书修订再版工作。

阎以屏性格开朗，喜爱音乐，画得也好，自从和地质勘探专家毛兄结婚后，风尘仆仆往来于贵州等地，后来从山东回到北京，几次搬家，总是老同学聚会之地。她教学注重教仪，受人尊敬。她参加北京女画家群体"七采石"，出过精致的小画册，还帮我在炎黄艺术馆编过馆刊。美院80周年院庆，她头发已全白，但"银发无忧"，宛若洋人，西源惊呼"莫扎特来了"。

史国明（史楠）在校时兴趣广泛，喜欢摄影、演戏，课余和刘瑜、何韵兰一起排演话剧《到阿尔泰去》，他那浓重的乡音让人印象深刻，至今犹在耳畔回响。

刘瑜告诉我，他在某校教摄影，自然是造诣颇深了。我记得清楚的有两次，一次是离开美院不久，他在天安门给我们几个老同学拍照，成为珍贵的纪念。再一次是听李西源说美院校庆90年，老同学再度聚首，史国明西装革履，热情而熟练地为每个人都拍照留念，一看便知他事业有成。后无缘再见，不复听到他的信息。

说起来，大家都没离开教学岗位。

其实，我们在美术史系正式就读的那段日子十分短暂，短暂到可以忽略不计，但毕竟是从那时起，踏上美术史大门的第一个台阶。

人们总是忘不掉那段岁月。

为着我在信里写了个"您"字，遭到吉宝航的批评和讽刺。说来倒也是，同学之间不该那么外道，大家永远是老哥们。

2019年3月于北京安外

新中国美术史学的奠基人

王泽庆

纪念金维诺先生美术教育与学术成就研讨会，正值五四运动 100 周年，中华人民共和国成立 70 周年。这次活动有多重意义。

在中国美术史学发展的历史进程中，五四运动和新中国的成立，开辟了近现代美术史学的崭新历程。我们缅怀革命先驱和志士仁人，他们崇高的爱国情怀和革命精神，探索独立自主、实现民族复兴及反帝反封建的精神，追求科学、民主、进步，自强不息的努力，永远激励我们不断奋进。

中国美术史学派产生于 20 世纪。前半个世纪国破家亡，民不聊生，列强瓜分中国，民族濒临危亡，人民历经沧桑。在党的领导下，革命艺术家与战士共赴国难，以艰苦卓绝的斗争，用血与火赢得了民族的独立和人民的解放。爱国艺术家拿起手中的笔，经历了血与火的洗礼，投入了拯救民族和人民生存的伟大斗争，与亿万人民同呼吸共命运，迎来中华人民共和国的诞生。七十年来，中华人民共和国自立于世界民族之林，经济、科学、文化空前发展。

金先生为央美美术史学科主要创始人之一。他于 1956 年参加中国有史以来第一个美术史系筹建工作，1978—1984 年任系主任，长期从事美术史研究和教学，参加院刊《美术研究》和《世界美术》的创刊和主编工作。先生高瞻远瞩，致力培养美术史本科生、研究生、博士生，不遗余力。1960 年山西没有央美招生指标，我事前不知，报名后，到北京参加考试。录取通知发到学校扣住不发，经请示省教委，领导讲：央美招生少，十分难考，准予放行。我如鱼得水。金先生与招生办考虑到山西是文物大省，经研究我被破格录取，圆了大学梦。我是首届美术史系学生，亲聆先生教诲，践行先生指导。金先生培养学生讲究理论联系实际，我曾跟随先生远赴河南龙门石窟、甘肃麦积山、西安碑林、北京法海寺等多地实习，测绘石窟、临摹壁画，撰写论文，受益匪浅。入校后我的学年论文选择了《徐悲鸿与现代美术》，金先生传道授业，亲自带领我去拜访了廖静文馆长，助我步入学习研究现代美术史和壁画之路。毕业后我被分配到博物馆工作，完成了《徐悲鸿评传》《稷益庙壁画》《丁绍光评传》《潘絜兹评传》《中华地书》等书，参撰王朝闻先生任主编的《中国美术史》明代卷寺庙壁画和唐卡及《黄河文化丛书》、《五千年文明河东人》系列丛书（14 卷）等。金先生曾约我共同主编《山西稷山青龙寺壁画》，给予我指导。

1982 年金先生签名送我一本《中国美术史论集》，此书是我终生学习的范本。这是先生第一本著作集，1981 年由人民美术出版社出版，是新中国成立以来先生应各种不同需要所写的有关美术史的文章的结集。书中有探讨中国文明起源，批判"中国文明西来说"；有研究介绍新出土文物及国宝级传世文物，书画名家；有探索前人的艺术经验。有的偏重于考证，有的侧重于艺术欣赏。他对新疆佛教艺术的研究，开启了美术史研究的新领域，对敦煌石窟艺术成就的系统研究，以及对龙门石窟的研究，代表了新中国艺术研究的新成果。金先生的研究继往开来，有诸多新发现、新观点，在国内外产生了良好反响，金先生成为新中国美术史学的奠基人之一。他继承发扬五四爱国奋斗精神，为新中国培育了几代美术史学专门人才，使这些人才成为高等艺术院校、文博单位、出版社、研究院所的骨干力量。在国际上，金先生与许多国家展开学术交流，出外讲学，培养留学生，传播中国和世界文明，倡导真善美，为人类命运共同体贡献智慧和力量，为开辟中国美术史学派鞠躬尽瘁。今天集会，隆重纪念金先生，我因身体原因不能前往，奉上书面发言和诗一首，表达对先生的深切怀念和敬意！

缅怀金维诺先生

正月初二，惊闻噩耗。金公仙逝，春风哀号。

冷雨潇潇，云山折腰。美术史学，痛失天骄。

央美师生，沉重哀悼。忆昔美院，亲聆师教。

开创史系，劳苦功高。六十年代，备受困扰。

聘请名师，故宫高校。传道授业，解惑执教。

辅导论文，启智传道。指导实习，雄阔志高。

编著宏富，史论高照。欧美讲学，闳中正道。

敦煌学者，燃灯名噪。书画鉴定，桃李相报。

真哉金老，善哉金老。美哉金老，壮哉金老。

授业铸魂，信念不倒。春风送暖，金公走好。

麦积山第127窟地狱壁画典据小考

张 总

　　甘肃陇东的麦积山石窟，是著名的天然雕塑馆，以其精美无匹的泥塑著称，但是其壁画也有非常重要的价值与特色。麦积山的壁画绘制在六世纪的初中期达到高潮，即北魏后期与北朝晚期西魏、北周之时，其题材有经变画、佛教故事画等。值得注意的是经变要素，因其中数幅北朝壁画，是具有经变画要素的作品，为最早的经变画形式。因为经变画的盛行是在唐代，如敦煌莫高窟，隋代的经变画还很简易，唐代才大盛成风。而麦积山在北朝已有经变，如维摩经变、涅槃经变、净土经变等，而第127号窟在其中占有相当大的分量，或者说北朝经变画基本集于第127号窟。

　　关于第127号窟，已经有很多关注与研究，二十世纪五十年代，中央文化部勘探团曾实地勘查，金维诺先生也多有探考与论断，从时代断定到壁画主题及样式比较、功德施主等，视角多样。往年到近年的专窟研究，成果颇为丰富多样，以下略举几例。

　　金维诺先生早有《麦积山石窟的兴建及其艺术成就》[1]；再如郑炳林、沙武田有《麦积山第127窟为乙弗皇后功德窟试论》[2]，沙武田还对此窟与敦煌西魏时期的第249与285号窟作出了对比研究，写有《北朝时期佛教石窟艺术样式的西传及其流变的区域性特征：以麦积山第127窟与莫高窟第249、285窟的比较研究为中心》[3]；孙晓峰所著《天水麦积山第127窟研究》（甘肃教育出版社，2016年10月）是在其博士论文基础上加工而成，全著研究深广，就前壁所画七佛部分作了许多探讨。

　　关于第127窟的时代，郑炳林与沙武田论文中有一段总结，特别指出金维诺先生

---

　　[1]　金维诺：《麦积山石窟的兴建及其艺术成就》，载天水麦积山石窟艺术研究所编《中国石窟·天水麦积山》，文物出版社，1998，第165—180页。

　　[2]　郑炳林、沙武田：《麦积山第127窟为乙弗皇后功德窟试论》，《考古与文物》2006年第4期。

　　[3]　沙武田：《北朝时期佛教石窟艺术样式的西传及其流变的区域性特征：以麦积山第127窟与莫高窟第249、285窟的比较研究为中心》，《敦煌学辑刊》2011年第2期。

运用考古学方法给出的年代判定。其综括为：1953 年中央文化部天水麦积山石窟勘察团初步定为"魏晚期"即北魏晚期至西魏时期洞窟；其后在阎文儒主编的《麦积山石窟》中定为北魏晚期洞窟；董玉祥先生在进行麦积山石窟分期研究时，定 127 窟为北魏最后一期洞窟；李西民先生定为北魏洞窟；大型图录《中国石窟·天水麦积山》，蒋毅明、张宝玺与黄文昆编写的图版说明及所附李西民等整理的《麦积山石窟内容总录》中均定为西魏时期洞窟；[4] 著名美术史家金维诺先生通过实地考察，以考古学层位打破关系进行比对，指出从有题记的北魏晚期两小窟即 120 窟与 121 窟分别被 127 窟打破的情况来看，第 127 窟应为西魏初年 [5]；傅熹年的《中国古代的建筑画》认为 127 窟是西魏洞窟；项一峰的《麦积山西崖西上区石窟内容总录》定 127 窟为北魏时期窟。张宝玺的《从"六国共修"看麦积山石窟的历史》中把 127 窟界定在北魏晚期至西魏之间，有关论著再次确认且标明为"六世纪中"。因而，总体上说，无论此窟是不是西魏皇后乙弗氏的功德窟，确定为西魏窟问题不大。

麦积山第 127 窟窟龛中保存基本完整，没有太多后世人为扰动，对于全面认识和了解西魏及其前后佛教艺术传承发展具有很高价值和意义。第 127 窟在麦积山为壁画最为集中的一个窟。窟顶天井中天界帝释天，顶部东南西北四披画有睒子本生与萨埵饲虎本生，北朝最为常见。前壁画有七佛与地狱变图，正壁画有涅槃变中八王分舍利，相当少见。左右壁画有维摩诘经变与西方净土变相，为北朝时已成熟之形态。可知此窟中有大型本生故事和经变图画还有飞天，内容丰富多样。至于功德主则有乙弗氏之说，风格则有长安样式等解释，题材也基本清楚，这里的经变内，较敦煌更早的主要还是涅槃变，特别是七佛与地狱变，其中地狱变更是非常少见的题材，无论在何种范围内。对其地狱变相具体内容之释，以甘肃省考古所资深研究人员张宝玺的阐释，即《天堕地狱图》与《十善十恶图》之说，为大家所接受虽然唐冲等有不同看法。但是，笔者偶然发现，张宝玺先生用以阐释的经典解读之中，有些小小误解之处，就此提出，作成此文。

---

[4] 阎文儒主编《麦积山石窟》，甘肃人民出版社，1984。董玉祥：《麦积山石窟的分期》，《文物》1983年第 6 期。李西民：《论麦积山石窟艺术史上的六个高潮》，载天水麦积山石窟艺术研究所编《石窟艺术》，陕西人民出版社，1990，第 77 页。麦积山石窟勘察团：《麦积山石窟内容总录》，《文物参考资料》1954年第 2 期。

[5] 同注 1 书。

地狱两图

第 127 号窟前壁所绘为七佛与地狱变相。七佛在上方与地狱图关系并不直接，也有解说七佛通偈中以"诸恶莫作，众善奉行"，以及佛教戒律诸说来对应十善十恶图等。

第 127 号窟的两前壁所绘地狱变相原被阐释为《天堕地狱图》与《十善十恶图》，具体分布则为两幅，即门的两侧。其左方以斜方格分隔成约十八个格，若散点式构成，其中绘出狱中受苦场景。其榜题只有八方，尚能识读出"此人生时好□□□□□刀山地狱""此人生时好□□□□令入截臂地狱""此人生时□□□□令入黑暗（无间）地狱"等字迹。均先列其人所作罪孽，继而指出令入某种地狱之名。总之，能见知者有刀山地狱、截臂地狱、黑暗（无间）地狱。

这些地狱图与引文与佛经中十八地狱图名均难符合，稍近处即《经律异相》有及《仪注简》十六地狱与四游狱之说。但笔者查得中土撰述《佛名经》卷十一及十四中，有相当接近的地狱惩诫之说。其说所列忏悔罪报关涉约 19 种地狱，如刀山剑树、炉炭地狱、铁床铜柱地狱等皆为双狱并列，还有所受惩罚，都对此窟此图中情景和题记相关近同，可以说为佛典中最为符合者，应是麦积窟画之出处所在。这提醒我们，中土撰述内所含内容，有时较正规佛典更为重要。[6]

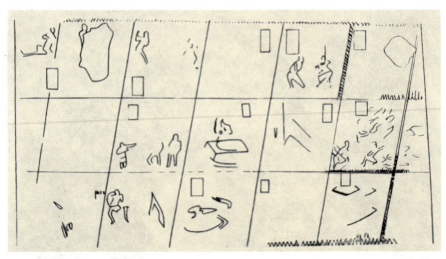

麦积山石窟第127窟，诸地狱受惩场景

---

[6] 《经律异相》《大正藏》53 册，第 60 页。多卷本疑伪《佛名经》，《大正藏》14 册，229 页。此部分详细论证见同题论文，刊麦积窟石窟孙晓峰主编《石窟艺术研究》2023 年卷，213–222 页。

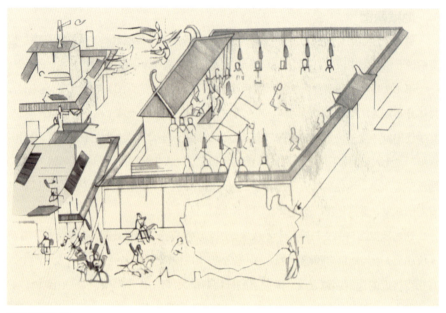

线描阎罗王城图版

彩图阎罗王城图版

另一侧其右面则完全不同，城池巍巍，又分前后两部。前部城殿为阎罗王殿，城墙高耸间隔，森严壁垒。有阎罗王者正襟危坐于正中，大厅堂列柱悬顶空而无墙，有人秉事报上，有文臣武士列其侧以及墙下且执旗幡。前院落中还散有几个人物，或为鬼卒押解。其后"天堕地狱"同样是一进院落，由功业不同而分为三层次。每个层次中人物榜题不同，其屋外顶上或地面有不同迎人。如高层有一人高卧于屋内，其右侧题识为："此人行十善得参道时""诸天罗汉迎去时"。上画有诸飞天来迎时，中层则见有迎人立于屋顶，下层则见武装兵将、铠甲骑士，相围来迎，且着红衣，十分显眼。

麦积山第 127 窟内此题材画，由甘肃省考古所资深考古专家张宝玺先生进行过考证。其说分别见刊于《甘肃石窟艺术·壁画编》《中国石窟·天水麦积山》[7]。前者具《甘肃石窟壁画艺术》一文，有相关部分与插图 15、16，彩图 172 页。后者有《麦积山石窟壁画叙要》之文章，配合画册图版，文中并列图表。其中的观点稍有不同，一种为"天堕地狱"说，一种为"十善十恶"说。因前者出版于 1997 年，后者刊出于 1998 年，或可认为其认识由"天堕地狱"向"十善十恶"而转变，虽然两者也还不是完全无关。

总体来说麦积山窟画这种地狱变相的构图的确很是少见。实际上，虽然画史中有不少地狱变相之载，特别是画圣吴道子曾画地狱变相，影响巨大，但实际所存遗迹，地狱变相是极少或根本没有。现存所谓唐宋地狱图多数都与十王图像有关。十王图像所表达者，是中阴阶段的审判场景，根本不是地狱变，尽管有不少论著以此而论及。十王经图中有六道云气或生死轮，其中典型者即以牛头阿傍与镬汤锅作为地狱的象征符号。当然南宋以后诸寺地藏十王殿等及道观，甚至更晚的城隍庙中，十王画下方或塑像等有地狱场景。另在水陆画中有些地狱图景。但严格意义亦非真正地狱变相。大足宝顶大佛湾巨幅雕刻，十地狱出自《地藏菩萨十斋日》，仅谓持八关戒斋者每月十斋日念某佛菩萨可不堕某地狱。其下地狱图景出自《华严十恶品经》，是中土撰述非译出之佛典，所以其龛定名含"地狱变"实可存疑。

因而，麦积山此早期地狱变之画，还是很值得注意。据张宝玺考证首先是典出于《经律异相》之中的"天堕地狱"。《经律异相》卷四十九云：

[7] 张宝玺：《甘肃石窟壁画艺术》，载张宝玺主编《甘肃石窟艺术·壁画编》，甘肃人民美术出版社，1997，第 172 页。张宝玺：《麦积山石窟壁画叙要》，载天水麦积山石窟艺术研究所编《中国石窟·天水麦积山》，文物出版社，1998，第 197 页。

生天堕地狱，各有迎人。人病欲死时，眼自见来迎。应生天上者天人持天衣伎乐来迎。应生他方者，眼见尊人为说妙言。应堕地狱者，眼见兵士持刀盾矛戟，索围绕之。所见不同，口不能言。各随所作，得其果报。天无枉滥，平直无二。随其所作，天网治之。

此文总结，"天堕地狱"描绘的是果业不同报应不等，而后析另侧壁画。《麦积山石窟壁画叙要》则用"十善十恶"说。以上述题记中"此人行十善得参道时"中"十善"，将两幅画面中的地狱分格图景与殿堂等，皆联之于十善十恶经律。列汉代《受十善戒经》及西晋法立《大楼炭经》卷二泥黎品，后秦译《长阿含经》卷十九地狱品，罗什译《大智度论》等诸经论中，八大地狱十六小狱各说。又侧重于《受十善戒经》中十恶罪业诸种地狱，以此为戒律而联系七佛。还联系唐代吴道子画十六观与阎罗王变于敬爱寺与镇江甘露寺唐凑绘《十善十恶图》，言及麦积山此图是完整的地狱变与《十善十恶图》。

对于张宝玺先生此说，笔者也曾认可过。但是现在感觉其"十善十恶"之说，过于宽泛，证据不清。《大智度论》中出现"我今并使此人行十善道，渐以三乘而度脱之"，虽有行十善道之对应，但也较难发现与画面之联系。唐代确实流行过《十善十恶图》，但其形态现在一无所知。且唐代实叉难陀译过《十善业道经》或较直接。笔者曾考证过大足小佛湾十恶罪报浮雕，其题铭符合于《华严经》中《十地品》（也作《十地经》流行）第二离垢地内容，其内容亦与戒律有些关联。更重要者，论其为十善十恶，但画面情况实不能对应。依我们现在看法，此画此部仍以其原说较准。画面对应临终者眼见所赴轮回之相，的确见于北朝流行经典，唯其名词"天堕地狱"是为误读。因《经律异相》中此条目的名称是"应生天堕地狱临终有迎见善恶处"。其内容中讲"生天堕地狱"，是为应"生天"或"堕地狱"，而决无"天堕地狱"一词，甚或"生到天堕地狱"之意。其临终时业报不同，可见境界有善有恶。其临终时生天有善迎，堕地狱有恶迎。而恶迎为武将军兵，且其索围绕之，与所见画面颇为相合。另此兵将与五道大神或将军之间或有关系，迎恶与判恶者皆为武将，颇为有趣。

《经律异相》为南朝梁宝唱所辑集，是佛教类书。其中将地狱分为数大种类，即十八地狱、三十地狱、六十四地狱等相关的名相概念等，并且有将内容出自何经注出，此条目下就有清楚的注解，谓其出自《净度三昧经》，而原出典据仍在于《华严经》[8]。另外一些佛典类书如唐道世所集《诸经要集》亦引此，亦谓出自《净度三昧经》、出自《华严经》。但其据肯定是宝唱所说。下列其条即可知同异。

《净度三昧经》	宝唱摘引《华严经》
生天堕地狱，各有迎人。人病欲死时，眼见来迎。应生天上者，天人持天衣伎乐来迎。应生他方者，眼见尊人为说妙言。应堕地狱者，眼见兵士持刀盾矛戟，索围绕之。所见不同，口不能言。各随所作，得其果报。罪轻微者榜搞之，谪者录神受罚，其人即病。各有日数、轻重不同，所系官亦不同。随行所属，天无枉滥，平直无二。随其所作，天网治之。	人欲终时，见中阴相若。行恶业者若见三恶受苦。或见阎罗持诸兵仗，囚执将去，或闻苦声。若行善者，见诸天宫殿，伎女庄严，游戏快乐，如是胜事。
经律异相	**晋译《华严经》卷六十**
生天堕地狱，各有迎人。人病欲死时，眼自见来迎。应生天上者，天人持天衣伎乐来迎。应生他方者，眼见尊人为说妙言。应堕地狱者，眼见兵士持刀盾矛戟，索围绕之。所见不同，口不能言。各随所作，得其果报。天无枉滥，平直无二。随其所作，天网治之。	譬如有人当命终时，见中阴相；所谓：行恶业者，见于地狱、畜生、饿鬼，受诸楚毒；或见阎罗王持诸兵仗，囚执将去；或见剑树；或见利叶割截众生；或见镬汤鬶治众生；或闻种种悲苦音声。若修善者，当命终时，悉见一切诸天宫殿；或见天女，种种庄严，游戏快乐。见如是等诸妙胜事而不自觉。

　　我们现在查此经本诸说已很容易，因电子佛典之故[9]。宝唱所指无误，诸经引《净度三昧经》"应生天堕地狱临终有迎见善恶处"，题目也是宝唱所加，内容原出《六十华严》善财童子五十三参最后参拜之中[10]。可知此段原出晋译《六十华严》，是临死见中阴相之说[11]。但古时情况不同，《净度三昧经》为中土撰述，但隋代有先后真伪反复，唐初《大周录》且定为真，开元时被智升判伪，剔出大藏。今赖敦煌本与日本七寺本才得全貌。我们更应注重《净度三昧经》，不但因其是南北朝时流行一时的中土疑伪经，有多种卷本流行，研究者且推为由昙曜集团所编撰（称译）[12]，而且此经

---

[8]　《大正藏》53册259页。宝唱为南朝梁名僧，编成佛教类书《经律异相》。《诸经要集》中也有类似条目，注明出自《净度三昧经》。《大正藏》54册177页。由此可知所谓"天堕地狱"是对"生天堕地狱"的误解或错断。

[9]　当年张宝玺先生能查获此方面佛经已属不易。张宝玺先生亦已仙逝，令人怀念。

[10]　《大正藏》9册782页。善财童子于南方海岸国大庄严园毗卢遮那庄严藏楼阁的弥勒菩萨处，闻入三世一切境界不忘念智庄严藏解脱法门。

[11]　另在《经律异相》还讲有一种五王，即随王、劫王、丑王、自然王、众生王，在"无劫"或"生终"地狱处，为一种略似而先于中阴之处，或可参考。

[12]　大内文雄、齐藤隆信：《〈净度三昧经〉题解》，载方广锠主编《藏外佛教文献》第七辑，宗教文化出版社，2000，第226页。

核心要义是讲如何从地狱的轮回中解脱出来，有相当繁细的地狱描写，列 23 种且有诸大地狱，又特重指导僧侣之存。麦积山石窟现存最早期即北魏作品，确实大受云冈之影响。昙曜本出自凉州，又在云冈为师尊。因而，麦积山此处壁画与其关系值得探讨。

小结

总之由上析可知张宝玺先生原考证中《经律异相》说，虽然典出没有究竟，但较"十善十恶"说更为贴切。而此临终见善恶迎处的画面，确与《经律异相》符合。其前有阎罗王宫城，又再配合多种地狱变相，成为北朝唯一甚至全国少见的这组壁画。

从构成上而言，陕西富平有北魏太昌元年（532）樊奴子造像碑，阎罗王与五道大神冥判断案 [13]，与此六世纪中期西魏壁画年代并不久远，其构成虽有不同，至少其临终见善恶中阴相，与五道大神处有某种对应，加上阎罗王审断等，多少有点近同于北魏碑像雕刻，但更复杂多变而丰富。总之，由樊奴子造像碑中阎罗王与五道大神冥判，至麦积山第 127 窟壁画中，"生天或堕地狱者，临终可见善恶中阴相"之题材，与阎罗王殿及方格地狱惩戒图一起，构成了冥界图界变化中的重要一环。

附记

很荣幸能撰文参，与这次纪念金维诺先生美术教育与学术成就研讨会，我是 1982 年由常任侠先生与金维诺先生联名所招进校在美术史系读书，来校后由金维诺先生与常任侠先生商定由金维诺先生负责指导。我在校多受教诲，因资质鲁钝而无所成就。在校期间金先生安排王泷老师带我们研究生与史论本科 81 届，多次参观调研了从敦煌至川渝（在广元实习）等地很多石窟。业师金先生之中国书画与敦煌佛教艺术，是为治学两大领域，影响深远。原撰此纪念金先生之文，后因《石窟艺术研究》主编约稿，全面修订、特别是就多格地狱图的典出应据中土《佛名经》内容而有突破后，交稿于其 2023 期发表。现在欣逢此文集出版，限于基本仍依原稿，仅就地狱图考订推进稍加注说。

---

[13] 笔者在拙文《〈阎罗王授记经〉缀补研考》中刊布图像，见《敦煌吐鲁番研究》第五卷，2000，北京大学出版社。

图像与样式——关于佛教美术两个常识概念的理解

罗世平

金维诺先生是中国著名美术史论家、美术教育家，中国美术史学科主要创建人和开拓者，国际知名敦煌学者，中国敦煌吐鲁番学会副会长，中国国家文物鉴定委员会委员。金先生从二十世纪五十年代初即从事美术史论的教学和研究，到2018年2月17日去世，学术生涯65年，享年93岁。金维诺先生个人的学术成就，包括了敦煌学、藏学、美术文献学、美术考古、书画鉴定、民族美术等多个领域，成就卓著。金先生是我的授业导师，值纪念先生周年之际，重读先生佛教美术史论的著述，追思先生的生前教诲，对于先生重视美术史常识系统的建构，在美术本体研究方法论上的著思又一次加深了理解，特撰此短文，以表达追随先生研习佛教美术史的一点体会。

在中国史籍中，佛教被称为"像教"。佛、法、僧三宝中，佛像为其首，这至少是佛教传入中国时的面貌。东汉明帝永平求法，佛像由此在中国得以绘制传播。汉末桓、灵帝时，宫中设华盖以祠佛陀、老子，佛像为上流社会所供奉。三国时康僧会从交趾届建业传播佛法，"营立茅茨，设像行道"，佛教流布于民间。其时中国社会已知供设佛像是印度佛教的表征，汉籍中所谓"像教"，这就是起因。寺院、石窟乃至于瘗埋的明器上塑绘铸刻的佛教图像，是佛教为像教的明证。佛教从印度进入中国，离开了印度文化的语境，落足于汉文化的土壤上，依草附木是佛教生存和传播的策略，像法和佛像就成了相互维护、彼此相照应的内容。从汉代佛教图像的初传到唐宋中国化佛像样式的确立，中国佛教美术经历了几轮的改梵为夏，图像与样式都是其中的关键词。从佛像传播的角度去看待这一过程，图像与样式在其中扮演的角色远不止是绘塑本身，也远不止于石窟、塔庙及其像设形貌。在这背后，显示的是一个民族的文化心路，类似于丹纳所说的"精神气候"，它的变化决定了这种或那种艺术的出现。[1] 中国道释画的兴起即由精神气候所生，而图像与样式则是它的"表候"[2]。

本文拟题"图像与样式"，用意有两个方面：其一，讨论佛教美术中国化过程中这两个常识概念的生成过程与文脉源流关系，这是金先生在论著中讨论美术发展变迁的出发点，有关图像的源流、年代、优劣、真伪及其谱系等类问题也皆着眼于这个基点上；其二，从美术品的遗存中寻绎图像与样式在传播过程中的作用，这也是金先生常将古代画史文献中提及的样式概念与存世的或者新发现的作品加以勾连构合，如曹家样与青州佛教造像，张家样与南朝造像，吴家样、周家样与唐朝佛教美术的关系，等等，借此重建起美术史的常识系统和回到常识的方法。以下拟出图像、样式二题分别加以说明。

一、关于图像

图像，是从西方转译过来的概念。西方图像学"Iconology"的词根"icon"，原意系指希腊正教的圣像图谱，经过瓦尔堡学派（Warburg school）的使用、转换和拓展，被引申到对社会、人文图像的研究，从而使图像的生成、指意、象征及其传播等功能得到多层面的诠释。在这个过程中，有关图像的生成常识体系仍是展开诠释的逻辑基础，如清人皮锡瑞言："屡迁而返其初。"这个方法论的原则通用于各类的图像研究过程，研究图像及其传播自然也要尊重这一常识。

佛教东渐中国，以其地缘和交通而论，有陆路和海路之分。陆路以玉门关外的古代西域丝绸之路为主要通道，海路多从广州附舶至南海抵印度，正史和僧史都有线索可寻。西僧东来传教和汉僧西行求法，皆循陆、海两道，佛法和佛像的传播也仰仗于这两条道路的畅通。如果依据交通和地缘推证佛教的传播，佛教从印度入中国，自然是沿着交通道路逐渐转进的方式，事实也证明这种沿路推进的传播属于一种常态。佛教在中国的传播总体上是如此。例如，《法苑珠林》引梁朝沈约的话"佛教兴于洛阳，而盛于江左"，是指佛教初传，落地中国之后的情形。洛阳因帝王信佛，朝廷为信佛

---

[1] 法国艺术史家丹纳的《艺术哲学》借用自然气候比类艺术时说："自然界有它的气候，气候的变化决定这种那种植物的出现；精神方面也有它的气候，它的变化决定这种那种艺术的出现。"

[2] 此处借用古代的相术用语。"表候"，系指人的骨相特征。汉代王充的《论衡》"骨相篇"云："人命秉禀天，则有表候于体，察表候以知命，犹察斗斛以知容矣。表候者，骨法之谓也。"

的西域人建"官浮图精舍",以奉其神。这些信佛的西域人,既有从陆路而来的,也有从海路而来的,而通过他们带来的佛教图像,其产地可能相同,也可能不同。受洛阳奉佛风气的带动,在道教神仙方士原本活跃的山东徐海地区、吴楚江南地区、秦陇巴蜀地区,佛像初被视为西方的神仙,落地之后也就被纳入到西王母、东王公的神仙谱系之中加以绘刻,上述地区自然也就成为佛像进入中国后的最早流布区。这一由首传地向再传地逐渐转进的特点,已经得到早期佛像考古出土品的证实。图像的这种传播方式,属于"渐进式"的,更多时候是由民间的力量所推动,图像的寓意和功能也在传播过程中发生了偏离。

不过,图像渐进式的传播是一种常态,但并不是常识的全部。另有一种非常态的情形,那就是从发生地到目的地的直传,而不是逐站逐地的转进。如东汉明帝永平求法,起因是汉明帝感梦佛像飞来殿前,于是派使者去印度取得《四十二章经》和佛像图样,又将取到的佛像图样雕刻在洛阳的开阳门和显节陵上,从而开启了佛像在内地雕绘的风气。就考古发现的早期佛教图像而言,洛阳、徐州及四川、湖北、江浙等地的出土品,年代普遍要早于新疆及河西地区。类似的从甲地直传到乙地的情形,在北魏,在萧梁,在唐朝都曾有过。梁朝派使者将印度笈多式佛像通过海路传入建康,唐朝王玄策出使印度摩揭陀国将菩提瑞像带到长安,都有实物和文献相互印证。这种向目的地的直传,属于"跨越式"的。它的前提条件,多数时候是帝王和国家意志的介入和推动。

图像的"渐进式"和"跨越式"传播,都曾在历史上演绎过,是常识的组成部分,不可执一而论。如果忽视这样的事实,就有违于常识。实际上,在讨论中国佛像的过程中,执一而论的情形时有发生。例如,近年对流传于中国南北各地的秣菟罗式佛教图像进行的比较研究,就得出了印度佛教是由南方向北方传播的结论。这一意见不仅没有充分考虑陆、海两道交通的复杂因素,也忽略了图像传播的不同方式和人群。

图像的流布推广与人群的关系极大,除了前述的僧人和使者,另有移民所起的作用。历史上佛教图像的流布推广,移民的作用巨大。移民中一部分为商胡贩客,另一部分为战争移民。1907年斯坦因在敦煌西北的一座烽燧(T.vii.a)下发现的粟特文信札,考证的年代为公元四世纪初,信件的主人是往来于河西走廊上的粟特商人。这些信仰佛教或祆教的商胡,以凉州为大本营,足迹已深入到了长安、洛阳等内地都邑,甚至还抵达江南地区。[3]在晋唐之际，信佛胡人的聚落在长安、洛阳、邺城乃至江南都有，东汉三国之际支谦一系的大月氏族，从西域先至洛阳而后移居到江南，即是众多佛教移民中的一支。

战争移民对佛教推广显明的例子发生在北魏太武帝拓跋焘时期，最大规模的一次是太延五年（439）灭凉州，徙凉州僧徒三千人及宗族三万户于平城（今山西大同），形成"沙门佛事皆俱东，像教弥增"的局面。接着又有太平真君七年（446），徙长安工巧二千家于平城的举动。因为沙门和工巧匠人的东迁，北魏都城平城遂有五级大寺和云冈石窟的营建。

商业移民和战争移民对于佛教图像的传播仍属于渐进式和跨越式的，在此之外，另有一种更为有效的推行方式，即"辐射式"的传播。所谓辐射式，是由政治文化中心向周边的扩散推广，借助的是皇权的力量，体现的是国家意志。印度阿育王向周边推广佛像是其中的一个例子。在中国，以唐朝的弥勒大佛为例，日本学者宫治昭曾撰文提供了倚坐弥勒大佛沿丝绸之路分布的资料，留给人的印象是，中国境内的弥勒大佛是由西向东渐次造就的，属于渐进式的传播。[4]2008年，洛阳天堂遗址被清理出来，天堂大佛建造的年代为垂拱四年（688），在现存唐代的大佛中年代最早，结合新旧唐书的记载，武则天以弥勒自居，建造了洛阳天堂大佛，又诏令各州郡建大云寺等。围绕弥勒所进行的一系列的举动可以证明，唐朝造弥勒大佛的风气首先发动于洛阳，借助皇权和国家的推行力，弥勒大佛像便由都城辐射到各州郡。以敦煌北大像为代表的丝路沿线弥勒大佛、内地太原天龙山弥勒大佛的雕造，就都是仿效洛阳天堂大佛的存例。[5]

佛像入中国，为中国原有的图像绘塑输入了新的因子。这一以人为尺度的审美形态提供了不同的"观象取物"方式，在与中国先秦以来的道器观的融合中，演绎积淀，形成常识，加速了中国美术形神合一、道器合一的审美进程。

---

[3] 荣新江：《丝绸之路与东西文化交流》，北京大学出版社，2015，第232页。

[4] 宫治昭：《涅槃和弥勒的图像学——从印度到中亚》，李萍、张清涛译，文物出版社，2009，第321—345页。

[5] 罗世平：《天堂法像——洛阳天堂大佛与唐代弥勒大佛样新识》，《世界宗教研究》2016年第2期。

二、关于样式

样式，是中国古代美术的重要概念，用以指称影响一时、一地或为后代奉为经典的范本图样。按画史文献的记载，有样式之名的画家和雕塑家，如"二戴相制""张家样""曹家样""吴家样""周家样"等，都属于道释人物画的领域。又如"郭家样""米家样""燕家景""铺殿花"等，则是宋以来流行的山水画、花鸟画样式。上述以家立样的时间，道释人物在前，山水、花鸟在后。如果详加考察，唐人所称的名家样式，皆因佛像而立，也就是说，因为佛教制像活动的兴起，造像步入了图形仪范的艺术进程。

佛像传自印度，有佛教仪轨作为图像的依据，但异域色彩浓厚，进入中国，落地之后要经中国的画家、雕塑家的改造创绘，将时代和民族的审美加以结合，方能与信众亲近，为百工所范。图像的这个"转译"过程，情形与翻译佛经的"格义"一致，发生的变化属于图像传播的源与流的问题。佛经翻译有语义文体之别，同样，图像转译也有图形样式之分。例如东晋戴逵父子"改梵为夏"，造无量寿佛及二胁侍菩萨像，"潜坐帷中，密听众论。所听褒贬，辄加详研，积思三年，刻像乃成"。因认真听取参详了时人对佛像的意见，加以改造，获得"二戴相制"的称誉。[6]戴氏父子的造像，代表了佛像第一轮中国化进程中领新立标的经典样式。继之而起，各朝各代建寺开窟，佛教造像皆打下了时代的烙印，而造像制样的匠师，或有口诀，或有图本，故在佛像的绘塑过程中，图样是造像的必需。敦煌藏经洞封藏的不少的白画图样，一些便是工匠绘制壁画的画稿粉本。经验丰富的画师相匠，绘图塑像，目识心记，信手而成，则都有图样成竹在胸。唐朝"画圣"吴道子作画制样的种种事迹佳话，即是显例，传世的画稿《道子墨宝》，可能并不是吴画的亲笔，但托名于吴道子，就在于其样式的经典意义。古人论画，特于样式上发抒见解，正是因为样式是图画造像的津梁，是在作绘塑理法常识的建构。

样式之于造像另有与仪轨的这层关系需要说明。佛像因承载表法的功能，坐姿立形，手印持物，衣冠法服皆有轨范仪则的讲究。佛教造像看重仪轨，所以佛教经典中有一部分内容专说造像的法则。譬如，佛有三十二相八十种好，佛和菩萨又有多种说法的手印，藏传佛教中还出有《佛说造像量度经》供造像者遵循。对于佛教艺术而言，仪轨是规范化的常识，准确地说，属于图像常识的范畴，与基督宗教的圣像（icon）

---

[6]　戴逵父子造像事，见（唐）张彦远《历代名画记》卷五"戴逵、逵子勃、勃弟颙"条。

功用相同，还不能等同于样式。

样式更多属于艺术表现的范畴，除了佛像仪轨的部分，更多是艺术创造的部分。例如佛像的清秀与丰满，线条的疏与密，色调的清雅与浓丽，等等，都在造像仪轨的规定之外，而因时代、民族、个人的审美表现而有所不同。佛教美术史上"秀骨清像"的陆家样，"面短而艳"的张家样，"曹衣出水"的曹家样，"吴带当风"的吴家样，"水月之体"的周家样，虽图像仪轨相同，艺术面貌则迥异。这些名家样式，既是时代的审美的表征，又是个人艺术表现的特色。再如唐朝宏图巨制的经变画，除说法的佛和菩萨眷属外，画面的其他部分多是画家依据佛经内容，参照社会生活创绘而成，原本就没有仪轨可以遵循，却是寺院石窟大型经变画的经典样式。这些经变画构图宏丽，情节生动，特色鲜明，是中国古代画家的创造，艺术原创的成分要远大于佛经仪轨的规范。这些逸出图像仪轨的部分，不拘泥，无滞碍，有亲和力，贴近民族审美，正是佛教艺术的魅力所在。艺术样式经过社会生活的创造性提炼，反映的是特定的民族审美，所以样式又是民族审美的象征。归纳起来，时代、民族、画家是构成艺术样式的三要素。那些曾被匠师百工反复传移模写的佛像样式，因为这三大要素注入其中，内涵丰富的程度要大大超出图像仪轨，且同时还兼有西方艺术史所常用的"风格"意味，属于艺术本体的观照范围。因此，样式在中国美术史常识体系中的应有位置和分量就不容轻看了。

中国的佛教造像，绘塑铸刻，种类较多，技艺方法虽各有不同，但造像却表现出极大的相似性，具有样式化的特征。同一时代的佛像，画像与塑像面貌特征几乎相同，甚至可以跨越国土疆界。典型如南北朝流行的"褒衣博带"式佛像，由南朝陆探微创立，而流风北上，成为北魏寺院石窟佛像的时代特色。类似的例子还有南梁与北齐佛像的"简易标美"，唐朝流行的"丰肥体"，等等。造成样式"同质化"的原因之一，虽可以视为时代审美的统领，但同时还系于独特的表现方式。简言之，即绘画性表现。中国的道释人物样式，绘画与雕塑同样注重线条的圆转、方折、疏密、顿挫等线性语素；表现人物以形写神，骨法用笔；图形状物远取其势，近取其质；空间形态取正面观，如人面对，正视若平。这些都是绘画的语言特色，所以传自古代的著述，以画论、画史居多。古人论画，绘塑的要诀都连带在一起。撰述的画史，所载人物，画家和雕塑家同在。著录的作品，画迹与雕塑同见一门。而所有这些，都可用"画学"一词以蔽之，故而晋唐时期佛像样式的创立者皆为称名一时的画家，这是值得注意的现象。

由画师名手创绘的样式，为百工绘壁造像的范本图样，唐代张彦远的《历代名画记》和北宋郭若虚的《图画见闻志》都曾提及绘塑佛像时诸家样式的作用。《图画见闻志》"论曹吴体法"称："曹吴二体，学者所宗……雕塑铸像，亦本曹吴。"郭氏所言，理在常识。北齐曹仲达、唐朝吴道子都因画名世，但雕塑佛像，仍需遵循曹、吴二家的图本样式。以画样为准的来雕造佛像，有现存于佛寺石窟中的大量佛像为证。唐代雕塑家宋法智随王玄策出使印度，在摩揭陀国摹绘菩提瑞像图样，带回长安后，依样在长安大兴善寺嘉寿殿和洛阳大敬爱寺塑菩提瑞像，并为道俗竞相模仿。流失于日本，原属长安光宅寺七宝台的白石造像，其中就有菩提瑞像。洛阳龙门石窟，四川广元、巴中、蒲江等地石窟中也有菩提瑞像的遗存，这就是样式的作用。古代的雕塑家按绘画的理念和方法立形塑像，有如在泥胎上作画，这是与印度和西方雕塑在方法上的不同，造像的绘画性也因而成了约定俗成的常识。画与塑在造型观上的同一性因为样式而得以体现，二者并无绝然的分野，可以放在一起加以比较观察。所以古人在讨论佛教样式时，往往画塑互见，也正是基于这一常识。

历史留给今人的并不都是完整的记忆，更多为断简残编，图像与样式在古代匠师眼里本为常识，甚至不必用文字去存录。正是因为这样，过去再熟悉不过的常识，而今已"半入江风半入云"，成了需要特别加以留意的遗产。也因为缺失，所以常识需要重建，经典需要重温，文脉需要通连。美术史的任务之一，就是要找出美术发展演进的规律，重现本体价值和意义的逻辑链，而常识是规律和逻辑链的基石。当常识的缺失未得到弥合，诠释的逻辑链便难以展开，如果勉强去硬做，我们将承担过度诠释的后果，逻辑之网布得越大，也许背离常识就越远。这样的研究看起来有学术之形貌，而实无学术之真义，这正是我们后来者需要力避的。正如金先生给我们提供的示范，对于美术史研究方法而言，建构常识系统、观照美术本体的规律是最根本的方法。本文讨论图像与样式的概念，也是在提醒自己尽可能去做回到常识的努力。

编后记

2019 年 5 月 10 日至 11 日，在学校各级领导和从全国各地赶来参会的金维诺先生生前众多同事、弟子、家人的大力支持下，"传铎——纪念金维诺先生美术教育与学术成就研讨会"在中央美术学院北区礼堂隆重召开。

会议筹备期间，受时任人文学院院长李军教授和书记郑岩教授的委派，本人与郑弌、孙晶、邵军、胡译文等老师一起，协助贺西林老师进行会议的筹备工作。当时，大会设立了会务、学术二组，分别由李俊、曹娜和胡译文、王安伦负责。

随着大会的顺利召开，后续工作重点开始转移到会议纪念文集的编辑与出版方面。在 2019 年的下半年，人文学院与湖南美术出版社签订了出版合同，计划于 2020 年出版该文集。但是，随着新冠肺炎疫情的暴发，学校的很多工作都脱离了日常轨道。直到疫情结束，我们才得以逐项清理之前的遗留问题，金先生的纪念文集亦在其中。

但是，由于时间变迁，当年直接参与此项工作的老师和同学或退休，或调离，或毕业，很多人已离开人文学院，编辑这本文集的工作，最后落到人文学院现任领导和我们几位老师身上。经开会商定，由人文学院院长黄小峰教授担任文集的主编，由我负责文稿的组织工作，全书以会议实录的形式呈现，个别地方做一些简要补充和调整。实录后面，附上了会议期间未及发表的纪念和研究文章 5 篇。

有关实录文字的校对，由我和人文学院图书馆的胡译文老师以及我的研究生张宗天同学共同完成。其中，10 日上午的开幕式和老先生们的追思纪念部分，由胡译文老师进行一校，本人负责二校。10 日下午及 11 日上午的学术研讨部分，由张宗天完成一校，由各具体发言人完成二校。凡发言人未及校对的部分，则由本人承担二校。因工作头绪繁多，且能力有限，凡校对不周之处，宜应本人负责。

校对期间，有关老先生们的追思部分，因考虑到先生们年事已高，我们未敢过多打扰，仅于个别不确之处，做过简单咨询。而金先生校外弟子们的发言，则由姚远老师负责与他们联系，节省了我们很多时间。最后，黄小峰院长审定了整部书稿，并给予了非常有效的编排建议。

在这本纪念文集即将付梓之际，我不由得想起最后一次去看望金先生的情景。当时金先生还住在中日友好医院，我和贺老师、张鹏老师等一同前往。最后要离开时，贺老师让我在纸上给金先生写了一句话，大意是让先生好好休养，等好了我们一起去吃烤鸭。先生看完后开心大笑，那个笑容一直留在我的心底，成为永远的回忆。

谨以此纪念金先生。

赵伟

2024 年 4 月 8 日